Birgit Lascho

Deutsch als Zweitsprache systematisch fördern

Training

Wortschatz – Grammatik – Aufsatz

Lehrplanbezogene Materialien
für einen integrativen Sprachunterricht

7./8. Klasse

PERSEN

Die Autorin:
Birgit Lascho arbeitet als Lehrkraft für die Fächer Deutsch, Geschichte, Sozialkunde und Englisch an einer hessischen Gesamtschule. Sie sammelte umfangreiche Erfahrungen bei der Förderung von Lernenden im Bereich Deutsch als Zweitsprache.

Gedruckt auf umweltbewusst gefertigtem, chlorfrei gebleichtem
und alterungsbeständigem Papier.

6. Auflage 2017

Illustrationen: MouseDesign Medien AG, Zeven
Satz: MouseDesign Medien AG, Zeven

ISBN 978-3-8344-**3339**-8

www.persen.de

Für sich werben

Baustein II:
Training grammatischer Grundfertigkeiten

Anhang

Aufgrund der zunehmenden weltweiten Wanderungsbewegungen haben es Lehrkräfte in den Schulen und damit auch im Deutschunterricht verstärkt mit Lernenden mit Migrationshintergrund zu tun, die Deutsch als Zweitsprache sprechen. Obwohl die Mehrheit dieser Lernenden in der Regel schon die Grundschule komplett in Deutschland besucht hat, lassen sich bei vielen von ihnen auch in der Sekundarstufe I oft noch spezielle sprachliche und grammatische Probleme bei der Verwendung der deutschen Sprache feststellen.

So haben Lernende mit Deutsch als Zweitsprache (abgekürzt DaZ) häufig Probleme bei der Artikelverwendung und Pluralbildung, machen bei vielen Endungen, insbesondere von Pronomen und Adjektiven sowie daraus auftretenden Kombinationen, mehr Fehler als die übrigen Lernenden. Zudem haben Lernende mit DaZ Schwierigkeiten bei der Bildung von unregelmäßigen Verbformen und vor allem beim korrekten Gebrauch von Präpositionen sowie bei der Verwendung von Konjunktionen.

Bedingt sind diese Schwierigkeiten dadurch, dass Lernende mit DaZ die deutsche Sprache im Zuge des ungesteuerten Spracherwerbs erworben haben, also nebenbei in der Alltagskommunikation ohne jegliche Systematik. Deshalb fehlt Lernenden mit DaZ oft die Einsicht in bestimmte grammatische Strukturen und Regularitäten der deutschen Sprache und sie machen in diesem Bereich besonders viele Fehler. Dazu kommen oft Probleme bei der Ausdrucksfähigkeit und Sprachverwendung, insbesondere bei der Schriftsprache, die zum Teil vom mündlichen Sprachgebrauch differiert. Denn Lernende mit DaZ verfügen häufig in bestimmten Bereichen nur über einen begrenzten Wortschatz, sodass ihnen das notwendige Vokabular zum präzisen Ausdruck fehlt. Zudem wissen sie oft nicht, in welchen sprachlichen und situativen Zusammenhängen bestimmte Wörter gebraucht werden, sodass Sätze missverständlich werden.

Folglich ist eine Förderung in diesen Bereichen auch in der Sekundarstufe I noch notwendig, da Sprache als Schlüssel zur Integration anzusehen ist. Von daher werden auch die weiterführenden Schulen und deren Lehrkräfte im Zuge der Etablierung der Bildungsstandards verstärkt in die Pflicht genommen, Lernende mit DaZ zu fördern, damit diese die Anforderungen der Bildungsstandards am Ende der Schullaufbahn erfüllen können.

Darauf fußend setzen auch die Bundesländer zunehmend auf die Förderung von Lernenden mit DaZ und geben entsprechende Fördererlasse heraus, wie zum Beispiel Hessen, wo Lehrkräfte jetzt individuelle Förderpläne für versetzungsgefährdete Schüler und Schülerinnen verfassen müssen und zur binnendifferenzierten Förderung im regulären Unterricht verpflichtet werden, die neben der Sprachförderung in speziellen Zusatzkursen an Bedeutung gewinnt. Zudem werden Lehrkräfte auch hin und wieder von Lernenden selbst oder deren Eltern angesprochen, welche Maßnahmen sie ergreifen können, um die sprachliche Ausdrucksfähigkeit zu verbessern und die Anzahl der grammatischen Fehler zu senken. Deshalb sind Lehrkräfte in diesem Bereich zunehmend gefordert.

Doch leider gibt es auf diesem speziellen Gebiet bisher wenig Unterrichtsmaterialien, denn die meisten Materialien sind für Lernende mit Deutsch als Fremdsprache gedacht. Diese erwerben Deutsch jedoch systematisch als Fremdsprache und nicht auf ungesteuertem Weg wie Lernende mit DaZ, sodass die Materialien für Deutsch als Fremdsprache nicht auf die Bedürfnisse von Lernenden mit DaZ zugeschnitten sind.

Aus diesem Grund sollen mit den folgenden Kopiervorlagen Materialien vorgelegt werden, die auf die Sprachförderung von Lernenden mit DaZ ausgerichtet sind und sich zudem speziell an den Inhalten des regulären Deutschunterrichts orientieren, um überhaupt eine zielgerichtete Sprachförderung zu ermöglichen. Denn bei mir beschweren sich immer wieder Lernende mit DaZ, dass der zusätzlich in der Schule erteilte Förderunterricht für sie nicht sinnvoll ist, weil die dortigen Unterrichtsinhalte nichts mit dem regulären Unterricht zu tun hätten. Von daher kann die Ausrichtung von Fördermaterialien auf den regulären Deutschunterricht den Lernenden den Sinn für die Teilnahme am Förderunterricht einsichtiger machen und darüber hinaus der Lehrkraft eine binnendifferenzierte Förderung im regulären Deutschunterricht ermöglichen.

Diese Kopiervorlagen für die Jahrgangsstufen 7 und 8 sind wie diejenigen, die bereits für die Jahrgangsstufen 5 und 6 erschienen sind, sowohl zum Einsatz im zusätzlichen Förderunterricht gedacht als auch zur Verwendung im regulären Unterricht, wo sie im Rahmen von Binnendifferenzierung als zusätzliches Sprachfördermaterial eingesetzt werden können. Der Einsatz kann in Freiarbeitsphasen während des Unterrichts geschehen, aber auch, indem die Lehrkraft den betreffenden Lernenden mit DaZ entsprechende Übungsblätter zur Bearbeitung nach Hause mitgibt. Dabei können die mitgelieferten Lösungsblätter im Anschluss zur Selbstkontrolle, gegenseitigen Kontrolle in Partnerarbeit oder zur Kontrolle durch andere Personen genutzt werden, sodass die Lehrkraft hier eine Entlastung erfährt. Zudem eignen sich die Kopiervorlagen auch zur Verwendung für moderne Unterrichtsformen wie das Stationenlernen.

Auf jeden Fall kommt den Kopiervorlagen, egal wie sie eingesetzt werden, immer eine ergänzende Funktion im Förder- oder regulären Deutschunterricht zu. Dies sei betont. Denn die angebotenen Übungen zu speziellen sprachlichen und grammatischen Schwierigkeiten von Lernenden mit DaZ sollten nicht isoliert durchgeführt, sondern im Rahmen eines integrativen Unterrichtskonzepts mit den geforderten Inhalten des regulären Deutschunterrichts verknüpft werden. Ohne handlungsorientierte Anwendung beim Schreiben von entsprechenden Aufsatzformen werden die einzeln erworbenen sprachlichen oder grammatischen Fähigkeiten schwerlich automatisiert und damit für den zukünftigen Sprachgebrauch der Lernenden mit DaZ nutzbar gemacht.

Um die Kopiervorlagen zur Sprachförderung flexibel einsetzbar zu machen, wurde im Hinblick auf ihren inhaltlichen Aufbau wie bereits in Band 1 für die Jahrgangsstufen 5 und 6 das vorliegende Bausteinprinzip gewählt, bei dem die sprachlichen Aspekte, die Lernenden mit DaZ bei bestimmten Textsorten Probleme bereiten, von den grammatischen Phänomenen getrennt werden, die für die Lernenden mit DaZ besondere Schwierigkeiten darstellen. Denn auf diese Weise können die grammatischen Phänomene dort trainiert werden, wo sie in den Kontext passen. So kann zum Beispiel das Präteritum im Zusammenhang mit dem Themenkomplex „Erzählen“ oder auch mit dem Themenkomplex „Berichten“ geübt werden, wo es den entsprechenden sprachlichen Übungen, deren Themenbereiche sich auf die in den Lehrplänen der Bundesländer vorgeschriebenen Lehrinhalte beziehen, vor- oder nachgeschaltet werden kann.

Auf diese Weise wird es für die Lernenden mit DaZ nachvollziehbarer, warum sie sich mit bestimmten grammatischen Phänomenen beschäftigen sollen. Denn der systematische Erwerb von bestimmten Grammatikphänomenen, mit denen Lernende mit DaZ besondere Schwierigkeiten haben, wird inzwischen als unverzichtbar zur Fehlervermeidung angesehen. Die den beiden

Förderbausteinen vorangestellte Übersichtstabelle bietet den Lehrkräften eine Übersicht darüber, welcher grammatische Förderschwerpunkt mit welchem sprachlichen Schwerpunkt verknüpft werden kann.

Zudem wird eine zweite Übersichtstabelle angeboten, aus der die Lehrkräfte entnehmen können, welche das sprachliche Ausdrucksvermögen betreffenden Inhalte und welche grammatischen Aspekte zu den einzelnen Themenfeldern des Lehrplans bereits in Band 1 für die 5. und 6. Jahrgangsstufe behandelt wurden. Auf diese Weise werden die Inhalte der beiden Kopiervorlagenbände miteinander verzahnt, und die Lehrkräfte können die beiden Bände zum Aufbau einer sukzessiven Lernprogression verwenden. Machen Lehrkräfte die Beobachtung, dass den Lernenden in den Jahrgangsstufen 7 und 8 in bestimmten Bereichen noch Basiskenntnisse aus den Jahrgangsstufen 5 und 6 fehlen, so können die Lehrkräfte anhand der Übersicht feststellen, welche Materialien aus dem ersten Band sie gegebenenfalls den Lernenden als weiteres unterstützendes Übungsmaterial an die Hand geben können. Dies bietet sich vor allem bei leistungsschwächeren Lernenden an oder bei Lernenden, die in den vorherigen Jahrgangsstufen 5 und 6 nicht mit diesen Kopiervorlagen gefördert wurden. Denn die sprachlichen und grammatischen Aspekte, die im ersten Band für die Jahrgangsstufen 5 und 6 ausführlicher behandelt wurden, werden im vorliegenden Band für die Jahrgangsstufen 7 und 8 nur in verkürzter Form wiederholt, um mehr Raum für die in diesen Jahrgangsstufen neu zu erwerbenden Inhalte zu schaffen.

So wird zum Beispiel im Grammatik-Baustein dem Deklinieren verschiedener Wortarten und auch der Konjugation unregelmäßiger Verben in den einzelnen Zeitformen in diesem Band weniger Platz eingeräumt. Bestimmte Bereiche wurden zusammengefasst oder verkürzt abgehandelt, um Platz für die noch nicht behandelten Passivformen und vor allem für den in diesen Jahrgangsstufen neu einzuführenden Konjunktiv zu gewinnen. Da letzterer den Lernenden erfahrungsgemäß besondere Schwierigkeiten bereitet, wird er entsprechend umfangreich behandelt. Dabei weisen die vorgesehenen Arbeitsblätter einen sukzessiv ansteigenden Schwierigkeitsgrad auf. Nicht jeder Lernende muss die höchste Schwierigkeitsstufe erreichen. Und bei leistungsstärkeren Lernenden können einzelne Arbeitsblätter mit bestimmten Lernschritten übersprungen werden. Auf diese Weise kann das individuelle Lernniveau der Lernenden berücksichtigt werden.

Genauso bieten sich bei den inhaltlichen Themen des ersten Bausteins Rückgriffsmöglichkeiten zur Förderung des sprachlichen Ausdrucksvermögens in Band 1 an, sofern die Themen schon Lerngegenstand der 5. und 6. Jahrgangsstufe waren. Auch in diesem Bereich gibt es einen sukzessiven Aufbau von Band 1 zu Band 2. Auf diese Weise können die Lernenden passgenau ihren Bedürfnissen entsprechend gefördert werden.

Des Weiteren wird zu Beginn des Grammatik-Bausteins ein Lernausgangstest angeboten, mit dessen Hilfe ermittelt werden kann, wo die einzelnen Lernenden mit DaZ im Bereich Grammatik noch besondere Schwierigkeiten haben, sodass die Förderung im Bereich Grammatik gezielt dort ansetzen kann und die Zeit nicht für Inhalte verwendet wird, die die Lernenden bereits beherrschen. Dabei wird als Serviceleistung neben den Lösungen auch ein Einstufungsraster angeboten. Die Kontrolle und Auswertung des Tests kann durch die Lernenden selbst erfolgen, es ist jedoch durchaus auch sinnvoll, wenn die Lehrkraft selbst die Auswertung vornimmt, da sie so einen besseren Überblick über den Lernstand ihrer Lerngruppe gewinnen kann.

In Bezug auf den Konjunktiv ist anzumerken, dass man diese Übungen zunächst weglassen kann und sollte, wenn der Konjunktiv vor der Durchführung des Lernausgangstests noch nicht behandelt worden ist, was der Fall sein kann, wenn man den Test zu Beginn des siebten Schuljahres durch-

führt. In diesem Fall ist es sinnvoll, die entsprechenden Aufgaben zunächst unbearbeitet zu lassen und dann nachzuholen, wenn der Konjunktiv im regulären Unterricht eingeführt wurde. So erhalten die Lernenden ein direktes Feedback, was sie dann schon beherrschen und was nicht, und können so gezielt üben.

Außerdem wird zu Beginn des Grammatik-Bausteins ein Methodentraining zum Umgang mit dem Wörterbuch speziell im Hinblick auf die Klärung von grammatischen Unsicherheiten angeboten, um die Lernenden mit DaZ beim Umgang mit grammatischen Problemen so weit wie möglich zur Selbsthilfe zu befähigen. Als Wörterbuch wurde dabei der Duden zugrunde gelegt. Die Ausführungen für die Schülerhand zum Umgang mit dem Wörterbuch berücksichtigen aber auch andere Werke, da nicht in allen Schulen der Duden verwendet wird, sondern zum Teil auch andere Wörterbücher oder gar spezielle Schulwörterbücher. Es ist jedoch darauf hinzuweisen, dass der Duden nicht nur ausgewählt wurde, weil er so bekannt ist, sondern auch, weil er gegenüber anderen Wörterbüchern oder auch speziellen Schulwörterbüchern besondere Vorteile für Lernende mit DaZ bietet. So werden bei den Substantiven im Duden nicht nur die dazugehörigen Artikel angegeben, sondern zusätzlich auch die Pluralformen sowie die Genitivformen. Außerdem werden bei den unregelmäßigen Verben die Stammformen mit angezeigt. Deshalb kommt der Duden den Bedürfnissen von Lernenden mit DaZ besonders entgegen, während viele andere Wörterbücher oder einige der speziellen Schulwörterbücher nur die Artikel angeben und auf alle anderen für Lernende mit DaZ hilfreichen Angaben verzichten. Folglich sollten die Lehrenden die Wörterbücher, die in der Schule benutzt werden, sorgsam im Hinblick auf diese Kriterien auswählen.

Ferner wird eine Liste ausgewählter unregelmäßiger Verben zum Nachschlagen und Auswendiglernen für die Schülerhand angeboten. Dabei wurden besonders häufig vorkommende unregelmäßige Verben berücksichtigt.

Weiter wird der Grammatik-Baustein durch einen Abschlusstest abgerundet, mit dessen Hilfe die Lernenden am Ende der achten Klasse oder auch zu einem anderen Zeitpunkt ihre Lernfortschritte im Bereich Grammatik überprüfen können. Deshalb sollten die beim Lernausgangstest erzielten Ergebnisse durch die Lehrkraft oder die Lernenden sorgfältig aufbewahrt werden, um später einen Lernfortschritt durch die beiden vergleichbar angelegten Tests ermitteln zu können. Die einzelnen Aufgaben des Abschlusstests können jedoch auch alternativ als Lernkontrolle direkt im Anschluss an die jeweiligen Grammatikphänomene eingesetzt werden, um den Lernfortschritt direkt zu überprüfen.

Zudem sei im Hinblick auf die Einsetzübungen bei den einzelnen Arbeitsblättern des Grammatik-Bausteins darauf hingewiesen, dass hier im Rahmen von Binnendifferenzierung bei leistungsstärkeren Lernenden mit DaZ die Möglichkeit besteht, die Kästen mit den vorgegebenen Wortformen abzudecken und sie von diesen Lernenden zunächst selbst suchen zu lassen.

Abschließend sei bemerkt, dass die vorliegenden Kopiervorlagen selbstverständlich auch bei der außerschulischen Sprachförderung von Lernenden mit DaZ verwendet werden können und dass zudem viele der Übungen darüber hinaus gleichfalls zur Sprachförderung von Kindern und Jugendlichen mit Deutsch als Muttersprache benutzt werden können, wenn diese entsprechende Sprachdefizite haben.

Welches grammatische Thema kann mit welcher Aufsatzform kombiniert werden?

Baustein I 	**Baustein II** 
Erzählen	• Deklinieren (insbesondere Artikel bei zusammengesetzten Nomen; Artikel, Adjektiv und Nomen) • Unregelmäßige Verben konjugieren (Präsens, Präteritum, Perfekt und Plusquamperfekt/Aktiv und Passiv)
Beschreiben und Berichten a) für Beschreibung speziell b) für Bericht speziell	• Deklinieren (insbesondere Demonstrativpronomen – Adjektiv und Nomen) • Unregelmäßige Verben konjugieren • (Präsens und Perfekt/neben dem Aktiv auch besonders Passiv) • (Präteritum und Plusquamperfekt)
Inhalte wiedergeben	• Deklinieren (insbesondere Artikel, Adjektiv und Nomen; Possessivpronomen – Adjektiv und Nomen; Demonstrativpronomen – Adjektiv und Nomen) • Unregelmäßige Verben konjugieren (besonders Präsens und Perfekt/Aktiv und Passiv; Konjunktivformen der indirekten Rede)

Übersicht 2

Welches grammatische Thema kann mit welcher Aufsatzform kombiniert werden?

Baustein I 	**Baustein II** 
Literatur interpretieren und analysieren	• Deklinieren (insbesondere Possessivpronomen – Adjektiv und Nomen) • Unregelmäßige Verben konjugieren (besonders Präsens und Perfekt/Aktiv und Passiv; Konjunktivformen zur Wiedergabe der indirekten Rede)
Argumentieren	• Deklinieren (insbesondere Possessivpronomen – Adjektiv und Nomen) • Unregelmäßige Verben konjugieren (Präsens und Perfekt/Aktiv und Passiv; Konjunktivformen zur Wiedergabe der indirekten Rede)
Für Produkte werben	• Deklinieren (insbesondere Artikel, Adjektiv und Nomen; Demonstrativpronomen – Adjektiv und Nomen) • Unregelmäßige Verben konjugieren (besonders Präsens/Aktiv und Passiv)
Für sich werben	• Deklinieren (insbesondere Artikel bei zusammengesetzten Nomen; Possessivpronomen – Adjektiv und Nomen) • Unregelmäßige Verben konjugieren (besonders Präsens und Perfekt/Aktiv und Passiv)

Übersicht 3

Zu welchem Themenbereich befinden sich weitere Übungen in Band 1?

Baustein I	
Erzählen	• **Verben der Vorwärtsbewegung** • **Verben des Sagens** • **Wörter zum Ausdruck zeitlicher Handlungsabfolgen** • **Spannungssteigernde Ausdrücke**
Beschreiben und Berichten	• **Adjektive und Wortbausteine zur Personenbeschreibung** • **Wortbausteine zur Tierbeschreibung** • **Verben zur Wegbeschreibung** • **Präpositionen für Ortsangaben bei Bildbeschreibungen und Berichten** • **Präpositionen für Ortsangaben bei Wegbeschreibungen**
Argumentieren	• **Sprachliche Wendungen zur Einleitung der Meinungsäußerung** • **Sprachliche Wendungen zum Verknüpfen der einzelnen Bausteine einer Argumentationskette** • **Sprachliche Wendungen zur Formulierung von Schluss-folgerungen** • **Sprachliche Wendungen zum Ausdruck gegensätzlicher Meinungen**

Übersicht 4

Zu welchem Themenbereich befinden sich weitere Übungen in Band 1?

Baustein II	
Deklinieren	• Den richtigen Artikel finden • Den richtigen Plural finden • Artikel mit Nomen • Artikel, Adjektiv und Nomen • Nomen und Possessivpronomen • Possessivpronomen, Adjektiv und Nomen • Nomen und Demonstrativpronomen • Demonstrativpronomen, Adjektiv und Nomen
Unregelmäßige Verben konjugieren	• Das Präsens unregelmäßiger Verben • Das Präteritum unregelmäßiger Verben • Das Perfekt unregelmäßiger Verben • Das Plusquamperfekt unregelmäßiger Verben

Baustein I: Sprachlicher Ausdruck

Verwendung von Personalpronomen

Mit Personalpronomen kannst du deinen Text abwechslungsreicher gestalten und zudem verkürzen.
Ersetze die unterstrichenen Nomen durch Personalpronomen. Die Tabelle hilft dir.

Fall	**Singular**			**Plural**
	männlich	weiblich	sächlich	alle Geschlechter
Nominativ *Wer oder was?*	er	sie	es	sie
Dativ *Wem?*	ihm	ihr	ihm	ihnen
Akkusativ *Wen oder was?*	ihn	sie	es	sie

Beispiel:* *Jan schenkt Laura ein Spiel.* ▷ *Er schenkt ihr ein Spiel.

a) Alina gibt ihrer Mutter Geld. ▷

____

b) Meike schenkt dem Kind Schokolade. ▷

____

c) Mehmet wirft Karsten den Ball zu. ▷

____

d) Ralf schießt den Ball ins Tor. ▷ ______________________________

e) Das Mädchen hat die Dose in der Hand. ▷

____

f) Heiko erblickt Tom und Yanik schon von Weitem. ▷

____

g) Die Mutter schenkt den beiden Jungen Sprudel ein. ▷

____

h) Tina gibt das Geld Tom. ▷ ______________________________

Umstellung von Satzgliedern

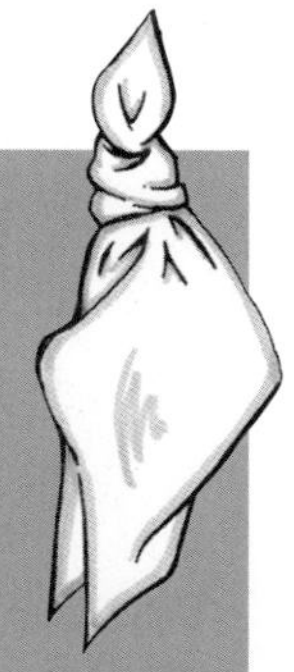

Merke
Durch die Umstellung von Satzgliedern kannst du deinen Text abwechslungsreicher gestalten und bestimmte Aspekte betonen.
Wenn du bei dem Satz *Ich rannte sofort hinter einen Baum,* betonen willst, dass du sofort hinter einen Baum gerannt bist, kannst du den Satz umstellen, indem du das Wort *sofort* an den Anfang setzt: *Sofort rannte ich hinter einen Baum.*

Stelle das unterstrichene Wort nach vorne und schreibe die Sätze auf.

a) Ich hörte plötzlich ein unheimliches Geräusch.

____.

b) Ich rannte völlig erschreckt weg.

____.

c) Ich kam klatschnass geschwitzt zu Hause an.

____.

d) Meine Mutter wartete schon zu Hause auf mich.

____.

e) Sie schaute mich mit erwartungsvollem Gesichtsausdruck an.

____.

f) Vater stand auf einmal in der Tür.

____.

g) Er fragte mit bebender Stimme, wo ich gewesen sei.

____.

h) Ich gab kleinlaut zu, dass wir trotz des Verbots im Steinbruch waren.

____.

Präpositionen für Ortsangaben

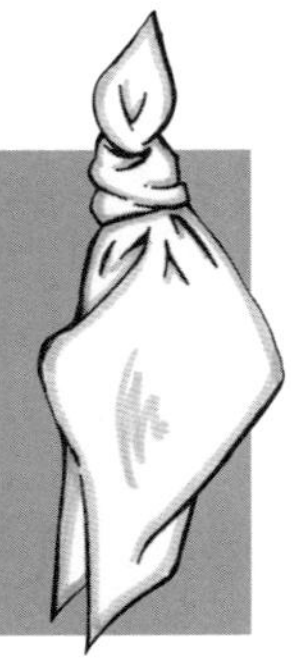

Merke

Mithilfe der lokalen Präpositionen *an, auf, hinter, in, neben, über, unter, vor* und *zwischen* kannst du beschreiben, wo sich etwas oder jemand befindet. Wenn es sich um eine feststehende Ortsangabe handelt, steht im Anschluss immer der Dativ.

Beispiel: Der Vogel sitzt auf dem Baum.

Füge die Präpositionen dem Bild entsprechend in den Lückentext ein. Ergänze die fehlenden bestimmten Artikel *der, die, das* in der grammatisch korrekten Form.

vor ◆ zwischen ◆ in ◆ über ◆ an ◆ unter ◆ hinter ◆ neben ◆ auf

① ______________ rechten Ecke des Zimmers steht ein Schreibtisch. ② ______________ Schreibtisch ist links hinten eine Schreibtischlampe befestigt. ③ ______________ Schreibtisch liegt ein aufgeschlagenes Buch. ④ ______________ Schreibtisch steht ein Drehstuhl. ⑤ ______________ Lehne des Drehstuhls hängt ein T-Shirt. ⑥ ______________ Schreibtisch sitzt eine Katze. ⑦ Links ______________ Schreibtisch steht ein Papierkorb. ⑧ Schräg ______________ Papierkorb sieht man einen Ball liegen. ______________ Drehstuhl und ______________ Papierkorb liegt noch eine kleine Stoffmaus. Wem diese Spielzeuge wohl gehören?

Präpositionen für Ortsangaben

Merke
Mithilfe der lokalen Präpositionen *an, auf, hinter, in, neben, über, unter, vor, zwischen, um, durch, entlang* und *gegen* kannst du beschreiben, wohin sich etwas oder jemand bewegt. Wenn es sich um die Angabe einer Ortsveränderung handelt, steht im Anschluss immer der Akkusativ.

Beispiel: Er sprang auf die Mauer.

Ordne die lokalen Präpositionen den passenden Sätzen zu. Ergänze die dazugehörigen bestimmten Artikel *der, die, das* in der grammatisch korrekten Form.

über ◆ unter ◆ hinter ◆ vor ◆ neben ◆ um ◆ zwischen ◆ gegen ◆ an ◆ durch ◆ entlang ◆ in ◆ auf

a) Er fuhr mit dem Auto frontal ____________________ Pfosten.

b) Sie traute sich, allein ____________________ finsteren Wald zu gehen.

c) Vorsichtig ging er ____________________ Haus herum.

d) Er radelte ____________________ Brücke, um ans andere Ufer zu kommen.

e) Sie fuhr ____________________ Fähre, um auf die Insel zu gelangen.

f) Marvin hat ____________________ Baum geparkt, damit das Auto im Schatten steht.

g) Sofort gingen sie ____________________ Geschäft hinein.

h) Esra rannte ____________________ Baumstamm, sodass sie niemand sah.

i) Sie fuhren ____________________ ganze Straße ____________________ , ohne das beschriebene Haus zu finden.

j) Der Abfall flog ärgerlicherweise ____________________ Mülleimer.

k) Die Münzen kullerten ____________________ Sitze, sodass er sie nicht wieder hervorholen konnte.

l) Er ließ das Auto bis ____________________ Verladerampe rollen.

m) Sie hing das Bild ____________________ Wand.

Wörter zum Ausdruck von Handlungsabfolgen

Füge die Wörter zum Ausdruck von Handlungsabfolgen in die Vorgangsbeschreibung ein.

Tipp: Die Buchstabenzahl ist vorgegeben. Der Umlaut „ä“ zählt als ein Buchstabe.

nun ◆ hiernach ◆ danach ◆ Hierauf ◆ dann ◆ anschließend ◆ zuerst ◆ Als Nächstes ◆ Darauf ◆ jetzt ◆ als Letztes ◆ Als nächsten Schritt ◆ Im Anschluss daran ◆ Nachdem ◆ schließlich

Wie man ein Schulbuch einschlägt

① Klappe _ _ _ _ _ _ den vorderen Buchdeckel auf. ② Rolle _ _ _ die Einschlagfolie auf und lege das Buch aufgeschlagen so darauf, dass an den Rändern je 5 cm Platz ist. ③ Markiere _ _ _ _ _ _ an beiden Seiten den Abstand von 5 cm durch einen kleinen Einschnitt. ④ Schneide _ _ _ _ _ _ _ _ _ _ _ _ die ausgemessene Einschlagfolie von der Folienrolle ab. ⑤ _ _ _   _ _ _ _ _ _ _ _ wird die Einschlagfolie an der Längsseite des Buchdeckels nach innen umgeknickt und der Buchdeckel zugeklappt. ⑥ _ _ _ _ _ _ _ musst du den hinteren Buchdeckel aufklappen, die Folie nach innen umschlagen und den Buchdeckel wieder zuklappen. ⑦ Überprüfe _ _ _ _ _, ob alles gerade ist. ⑧ Wenn ja, _ _ _ _ klebe die Folie mit Tesa an den Buchinnendeckeln fest. ⑨ _ _ _   _ _ _ _ _ _ _ _   _ _ _ _ _ _ _ legst du das Buch mit dem Buchdeckel nach oben auf den Tisch und schneidest die unten überstehende Folie schräg zur unteren Kante des Buchrückens ein. ⑩ _ _   _ _ _ _ _ _ _ _ _   _ _ _ _ _ drehst du das Buch auf die Buchvorderseite um und wiederholst den Vorgang an der hinteren Buchkante. ⑪ Knicke _ _ _ _ _ _ _ _ das eingeschnittene Folienstück nach innen. ⑫ _ _ _ _ _ _ wiederholst du den Vorgang für den Buchrücken oben. ⑬ _ _ _ _ _ _ _ du die nach innen geschlagene Folie unten an der Längsseite der Buchhinterseite schräg wie ein Dreieck mit der Kante zur Kante der unteren Buchhinterseite gefaltet hast, klappst du _ _ _   _ _ _ _ _ _ _ _ die gesamte überstehende Folie nach innen und befestigst sie rechts und links. ⑭ Wiederhole das Ganze _ _ _ _ _ _ _ _ _ _ _ für die zweite untere Buchkante und das Buch ist eingebunden.

Sprachbausteine für den Einleitungsteil von Zeitungsberichten

Vervollständige die Sprachbausteine für die Einleitung eines Zeitungsberichts.
a) Trage den grammatisch passenden Artikel in die Satzlücken ein.
b) Bringe die durcheinandergeratenen Wörter aus den Klammern in die richtige Reihenfolge.
c) Schreibe den vollständigen Satz auf.

den ◆ dem ◆ dem ◆ den

① Am Montag, __________ 16. September 2008, gegen 7.45 Uhr, wurde am Zebrastreifen vor der Astrid-Lindgren-Schule in Rüsselsheim
(ein – angefahren – einem Autofahrer – Schüler – von)

____ .

② Gestern, __________ 8. Mai 2008, gegen 22.00 Uhr, konnte in Frankfurt-Bockenheim
(werden – Polizeistreife – ein – durch – Einbrecher – festgenommen – eine)

____ ,
als er gerade dabei war, das Küchenfenster eines Einfamilienhauses aufzuhebeln.

③ Am letzten Mittwoch, __________ 20. Juni 2008, wurde gegen 19.00 Uhr eine alte Dame im
(Hanauer Stadtpark – von – ihrer – Jugendlichen – beraubt – überfallen – und – Geldbörse)

____ .

④ Vorgestern, __________ 19. März 2008, gegen 19.00 Uhr, gelang der Polizei in der Wiesbadener Innenstadt überraschend
(Bankräubers – bereits seit – gesuchten – Festnahme – zwei Jahren – die – eines)

____

____ .

Sprachbausteine für Einleitungssätze

Der erste Satz einer Inhaltsangabe ist am schwersten: Hier musst du Autor, Erscheinungsjahr, Gattung und Titel des Textes unterbringen und die Handlung kurz zusammenfassen.
Deshalb erhältst du hier einige sprachliche Wendungen, die du jedoch noch durch die passenden Wortbausteine aus dem Kasten ergänzen musst.

Ergänze die Sätze mit den passenden Wortbausteinen.
Tipp: Das Bausteinmuster und die Anzahl der Buchstaben helfen dir dabei.

wie	es	von	um
handelt	geht	von	

a) In der von Hans Mustermann* verfassten Erzählung mit dem Titel „Musterstadt"**

_ _ _ _   _ _   _ _

b) Hans Mustermann beschreibt in seiner 1987 verfassten Erzählung mit dem Titel

„Musterstadt" _ _ _ , ...

c) Die von Hans Mustermann 1987 verfasste Erzählung mit dem Titel „Musterstadt"

_ _ _ _ _ _ _   _ _ _ ...

d) Hans Mustermann erzählt in seiner 1987 verfassten Erzählung mit dem Titel

„Musterstadt" _ _ _ ...

* Hier musst du den Namen des Autors oder der Autorin einfügen, die den Text geschrieben haben, den du bearbeitest.
** Hier trägst du den Titel des Textes ein, an dem du gerade arbeitest.

Sprachbausteine für Einleitungssätze

Es gibt viele Möglichkeiten einen Einleitungssatz für Inhaltsangaben zu formulieren. Textbausteine können dir helfen. Achte dabei auf Artikel und Fälle.

Autor/Autorin + Macht was?/Verb + Possessivpronomen + Textgattung + Titel

Beispiel: Tom Finn beschreibt/erzählt/schildert in seinem/seiner 1968 verfassten Roman/Erzählung mit dem Titel „Wiederkehr", wie…

Oder:

Artikel + Autor/Autorin + Hat was gemacht? + Textgattung + Titel

Beispiel: Das von Tilda Bach 1980 verfasste Gedicht/Theaterstück mit dem Titel „Heimat" handelt von …

Ergänze in der Tabelle die Artikel.
Achte auf den richtigen Fall. Du darfst ein Wörterbuch zu Hilfe nehmen.

Artikel	**Roman**	**Erzählung**	**Ballade**	**Gedicht**
Nominativ *(wer oder was?)*				
Dativ *(wem?)*				
	Drama	**Komödie**	**Märchen**	**Theaterstück**
Nominativ *(wer oder was?)*				
Dativ *(wem?)*				
	Bericht	**Reportage**	**Artikel**	**Text**
Nominativ *(wer oder was?)*				
Dativ *(wem?)*				

Sprachbausteine für Einleitungssätze

1. Ergänze die Endungen der Possessivpronomen. Achte auf den Dativ.

a) Der Autor erzählt in ...

sein _____	Roman ...
sein _____	Erzählung ...
sein _____	Gedicht ...
sein _____	Drama ...
sein _____	Komödie ...
sein _____	Märchen ...
sein _____	Theaterstück ...
sein _____	Ballade ...

b) Die Autorin beschreibt in ...

ihr _______	Roman ...
ihr _______	Erzählung ...
ihr _______	Gedicht ...
ihr _______	Drama ...
ihr _______	Komödie ...
ihr _______	Märchen ...
ihr _______	Theaterstück ...
ihr _______	Ballade ...

2. a) Ergänze die Sätze.
b) Markiere die Textbausteine in verschiedenen Farben.
Sieh dir dazu noch einmal das Arbeitsblatt 2 (S.21) an.

① Der Autor Tom Finn beschreibt in sein _______________ 1968 verfassten Roman mit dem Titel „Wiederkehr", wie ...

② In _______________ von der Autorin Tilda Bach 1980 verfassten Gedicht mit dem Titel „Heimat" geht es um ...

③ Der Autor Tom Finn schildert in _______________ von ihm 1990 verfassten Theaterstück mit dem Titel „Wiederkehr", dass ...

④ _______________ 1999 von der Autorin Tilda Bach geschriebene Komödie mit dem Titel „Heimat" handelt von ...

⑤ Tom Finn erzählt in sein _______________ 2001 veröffentlichten Erzählung mit dem Titel „Wiederkehr" von ...

⑥ Tilda Bach beschreibt in ihr _______________ 1995 erschienenen Märchen mit dem Titel „Heimat" ein ...

⑦ Das 1998 erstmals aufgeführte Drama „Wiederkehr" _______________ Autors Tom Finn beschäftigt sich mit dem Thema ...

⑧ In _______________ 1880 veröffentlichten Ballade „Die Brück' am Tay" von Theodor Fontane geht es um ...

Theodor Fontane

Die Brück' am Tay

(28. Dezember 1879)

When shall we three meet again?
Macbeth

„Wann treffen wir drei wieder zusamm'?"
„Um die siebente Stund', am Brückendamm."
„Am Mittelpfeiler."
„Ich lösche die Flamm'."
„Ich mit."
„Ich komme vom Norden her."
„Und ich vom Süden."
„Und ich vom Meer."

„Hei, das gibt einen Ringelreihn,
Und die Brücke muss in den Grund hinein."
„Und der Zug, der in die Brücke tritt
Um die siebente Stund?"
„Ei, der muss mit."
„Muss mit."
„Tand, Tand,
Ist das Gebilde von Menschenhand!"

Auf der *Norderseite,* das Brückenhaus –
Alle Fenster sehen nach Süden aus,
Und die Brücknersleut' ohne Rast und Ruh
Und in Bangen sehen nach Süden zu,
Sehen und warten, ob nicht ein Licht
Übers Wasser hin „ich komme" spricht,
„Ich komme, trotz Nacht und Sturmesflug,
Ich, der Edinburger Zug."

Und der Brückner jetzt: „Ich seh einen Schein
Am anderen Ufer. Das muss er sein.
Nun Mutter, weg mit dem bangen Traum,
Unser Johnie kommt und will seinen Baum,
Und was noch am Baume von Lichtern ist,
Zünd' alles an wie zum Heiligen Christ,
Der will heuer *zweimal* mit uns sein –
Und in elf Minuten ist er herein."

Und es war der Zug. Am *Süder*turm
Keucht er vorbei jetzt gegen den Sturm,
Und Johnie spricht: „Die Brücke noch!
Aber was tut es, wir zwingen es doch.
Ein fester Kessel, ein doppelter Dampf,
Die bleiben Sieger in solchem Kampf.
Und wie's auch rast und ringt und rennt,
Wir kriegen es unter: das Element."

„Und unser Stolz ist unsre Brück';
Ich lache, denk ich an früher zurück,
An all den Jammer und all die Not
Mit dem elend alten Schifferboot;
Wie manche liebe Christfestnacht
Hab ich im Fährhaus zugebracht
Und sah unsrer Fenster lichten Schein
Und zählte und konnte nicht drüben sein."

Theodor Fontane

Die Brück' am Tay

(Fortsetzung)

Auf der Norderseite, das Brückenhaus –
Alle Fenster sehen nach Süden aus,
Und die Brücknersleut' ohne Rast und Ruh
Und in Bangen sehen nach Süden zu;
Denn wütender wurde der Winde Spiel,
Und jetzt, als ob Feuer vom Himmel fiel',
Erglüht es in niederschießender Pracht
Überm Wasser unten … Und wieder ist Nacht.

„Wann treffen wir drei wieder zusamm'?"
„Um Mitternacht, am Bergeskamm."
„Auf dem hohen Moor, am Erlenstamm."
„Ich komme."
„Ich mit."
„Ich nenn euch die Zahl."
„Und ich die Namen."
„Und ich die Qual."
„Hei!
Wie Splitter brach das Gebälk entzwei."
„Tand, Tand,
Ist das Gebilde von Menschenhand."

Sprachbausteine für Einleitungssätze

Ergänze bei den folgenden Einleitungssätzen die Endungen und Wörter aus dem Kasten.
Achte auf die Stellung des Kommas bei der Aufgabe b) im Gegensatz zu Aufgabe d)!

-en ♦ erzählt (...) ♦ von ♦ der ♦ beschreibt (...), wie ♦ -en ♦ geht es um ♦ Die ♦ dem ♦ -er ♦ handelt von ♦ -er ♦ -en ♦ dem ♦ -e

Möglichkeit a: In ________ 1880 von Theodor Fontane verfasst ________ Ballade mit dem Titel „Die Brück' am Tay" ________________________ drei Hexen, die mithilfe ihrer magischen Fähigkeiten nachts eine Brücke zerstören und einen darauf fahrenden Zug ins Wasser stürzen lassen.

Möglichkeit b: Theodor Fontane __________________ in sein ________ 1880 verfasst ________ Ballade mit dem Titel „Die Brück' am Tay", ________ drei Hexen mithilfe ihrer magischen Fähigkeiten nachts eine Brücke zerstören und einen darauf fahrenden Zug ins Wasser stürzen lassen.

Möglichkeit c: ________ 1880 von Theodor Fontane verfasst ________ Ballade mit ________ Titel „Die Brück' am Tay" ________________________ drei Hexen, die mithilfe ihrer magischen Fähigkeiten nachts eine Brücke zerstören und einen darauf fahrenden Zug ins Wasser stürzen lassen.

Möglichkeit d: Theodor Fontane __________________ in sein ________ 1880 verfasst ________ Ballade mit ________ Titel „Die Brück' am Tay" ________ drei Hexen, die mit Hilfe ihrer magischen Fähigkeiten nachts eine Brücke zerstören und einen darauf fahrenden Zug ins Wasser stürzen lassen.

Konjunktionen zur Verknüpfung von Sätzen

Merke
Konjunktionen sind Bindewörter, die Sätze verknüpfen. Mit ihrer Hilfe kannst du Sachverhalte genauer ausdrücken, sodass der Leser oder die Leserin deine Gedanken besser nachvollziehen kann.
Dabei wird zwischen folgenden Arten von Konjunktionen unterschieden:

Grammatischer Begriff	Art und Funktion	Konjunktionen
temporal	**Gibt das Zeitverhältnis an:** **Als** *wir ankamen, regnete es.*	⭘ als
kausal	**Gibt den Grund an:** *Er trägt einen Schal,* **weil** *es draußen kalt ist.*	☐ weil
final	**Gibt das Ziel oder den Zweck an:** *Sie zieht ihren Mantel an,* **damit** *sie nicht friert.*	⊙ damit
konsekutiv	**Gibt die Folge an:** *Er hält an,* **sodass** *sie aussteigen kann.*	◆ sodass, dass
konzessiv	**Gibt die Einräumung an:** *Sie grillen,* **obwohl** *das Wetter nicht gut ist.*	★ obwohl
konditional	**Gibt die Bedingung an:** *Ich freue mich,* **wenn** *du kommst.*	❖ wenn
modal	**Gibt die Art und Weise oder die Begleit-umstände an:** *Du startest die Maschine,* **indem** *du den Hebel nach rechts drehst.*	✦ indem, womit, ohne dass

Ordne die folgenden Konjunktionen zu. Die Symbole helfen dir dabei.

☐ da ★ obgleich ⭘ nachdem ✦ wobei ⭘ während ☐ denn ★ obschon ⭘ bevor ☐ deshalb ★ trotzdem ❖ falls ⭘ ehe ◆ folglich ⭘ bis ✦ dadurch, dass ❖ sofern ☐ daher ⭘ sobald ◆ also ⭘ worauf ☐ deswegen ⊙ um ... zu ★ wenngleich ⭘ solange ★ wenn auch ⭘ inzwischen

Konjunktionen zur Verknüpfung von Sätzen

Welche Konjunktion passt zu welchem Satz? Ergänze die Lücken.

während • falls • sodass • denn • weil • denn • indem • bevor • obwohl • damit • nachdem • weil

a) Ich komme morgen bei dir vorbei, ______________________ du nichts dagegen hast.

b) Er freute sich, ______________________ er das Tennisspiel gewonnen hatte.

c) Martin ging zur Arbeit, ______________________ er Magenschmerzen hatte.

d) Sie saugte Staub, ______________________ sie das Geschirr abgewaschen hatte.

e) Er machte auf sich aufmerksam, ______________________ er laut um Hilfe rief.

f) Jonas machte Unsinn, ______________________ seine Eltern nicht zu Hause waren.

g) Sie ruft zu Hause an, ______________________ sich ihre Eltern keine Sorgen machen.

h) Ich packe das Auto schon, ______________________ wir nachher gleich losfahren können.

i) Er kaufte noch schnell ein Eis, ______________________ er in den Zug stieg.

j) Ziehe eine Jacke an, ______________________ es ist kalt draußen.

k) Ali weint, ______________________ seine Oma gestorben ist.

l) Die Katze miaut, ______________________ sie hat Hunger.

Konjunktionen zur Verknüpfung von Sätzen

Füge die passenden Konjunktionen in die Satzlücken ein.

weil ◆ damit ◆ sodass ◆ nachdem ◆ sofern ◆ obwohl ◆ als ◆ Inzwischen ◆ denn ◆ folglich

a) Die Hexen planen, den Zug zu versenken. ________________ ist es stürmische Nacht geworden.

b) Der Zugführer Johnie nähert sich der Brücke, ________________ es eine stürmische Nacht ist.

c) Die Hexen wollen den Zug versenken, ________________ er von Menschen hergestellt worden ist.

d) Das Brückenwärterehepaar, Johnies Eltern, wartet auf der Nordseite der Brücke, ________________ sie ihren Sohn mit dem Zug vorbeifahren sehen können.

e) Johnie ist stolz auf die Brücke, ________________ er muss jetzt nicht mehr wie früher die ganze Weihnachtsnacht Leute mit einem Boot vom einen Ufer zum anderen befördern, ________________ er die Eisenbahn als angenehme Erfindung empfindet.

f) Voller Zuversicht rast Johnie mit dem Zug auf die Brücke zu und denkt, ________________ alles gut geht, wird er schnell am Ziel sein und so den Heiligabend bei seinen Eltern verbringen können.

g) ________________ er die Brücke mit Volldampf passiert, bricht sie zusammen und der Zug stürzt in die Tiefe, ________________ ist der Plan der Hexen gelungen.

h) ________________ der Zug in die Tiefe gestürzt ist, machen sich die drei Hexen über das Unglück lustig.

Sprachbausteine zum Formulieren einer Interpretationshypothese

Merke
Bei einer Textinterpretation und -analyse musst du im Anschluss an die Inhaltsangabe immer eine Interpretationshypothese entwickeln. Das bedeutet, eine Vermutung aufstellen, was der Autor mit seinem Text aussagen möchte.

Welche Wortbausteine passen in die Satzlücken? Ergänze die Sätze.

Tipp: Die Zahl der Buchstaben ist vorgegeben. Ö und ü gelten als ein Buchstabe.

möchte ... verdeutlichen, dass ◆ möchte ... kritisieren, dass ◆ möchte ... aufzeigen, dass ◆ möchte ... darauf aufmerksam machen, dass ◆ möchte ... ausdrücken, dass

a) Theodor Fontane _ _ _ _ _ _ mit seiner Ballade wahrscheinlich

_ _ _ _ _ _ _ _ _ _ , _ _ _ _ Technik Gefahren birgt.

b) Mit seiner Ballade _ _ _ _ _ _ Theodor Fontane vermutlich

_ _ _ _ _ _ _ _ _ , _ _ _ _ Naturgewalten Technik besiegen.

c) Theodor Fontane _ _ _ _ _ _ mit seiner Ballade wahrscheinlich

_ _ _ _ _ _ _ _ _ _ _ _ _ , _ _ _ _ man nicht blind auf Technik vertrauen soll.

d) Mit seiner Ballade _ _ _ _ _ _ Theodor Fontane offenbar _ _ _ _ _ _

_ _ _ _ _ _ _ _ _ _ _ _ _ _ _ _ , _ _ _ _ es gefährlich sein kann, technikgläubig zu sein.

e) Theodor Fontane _ _ _ _ _ _ mit seiner Ballade vermutlich

_ _ _ _ _ _ _ _ _ _ _ , _ _ _ _ Menschen zu sehr auf Technik vertrauen.

Sprachbausteine zur Untergliederung von Texten

Merke
Bei der Interpretation und Analyse eines literarischen Textes wird von dir erwartet, dass du den Text in mehrere Sinnabschnitte untergliederst.

Beim Formulieren deiner Texteinteilung können Sprachbausteine helfen.
Leider sind hier einige Sprachbausteine zu Wortschlangen verschmolzen.
a) Trenne die einzelnen Wörter durch Striche voneinander ab.
b) Schreibe die gefundenen Satzbausteine auf.

① DieGeschichtelässtsichin ...Teileeinteilen.Teil1reichtdabeivonZeile ...bis,Teil2vonZeile ... bis ... ,Teil3vonZeile...bis ...*

② DieGeschichtelässtsichin ...Teileuntergliedern.DabeiumfasstTeil1Zeile ... bis ...,Teil2Zeile ... bis ...,Teil3Zeile ... bis ...

③ DasGedichtbestehtaus...Strophenmitjeweils...Versen.

④ DasGedichtbeinhaltet ... Strophenmitjeweils ... Versen.

⑤ DasGedichtweist ... Strophenmitjeweils ... Versenauf.

⑥ DasGedichtbesitzt ... Strophenmitjeweils ... Versen.

* Die Auslassungszeichen (...) beziehen sich auf den Originaltext des Gedichts „Die Brück' am Tay".
Hier kannst du die richtigen Zeilennummern eintragen.

Sprachbausteine zur Einbindung von Zitaten

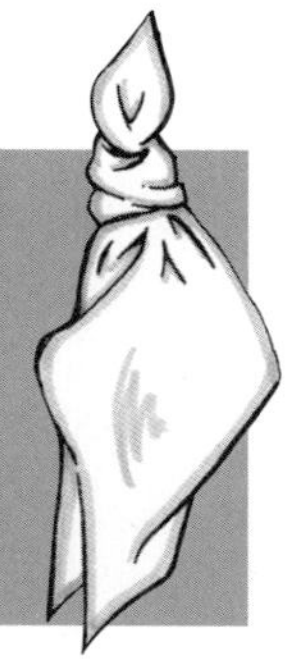

Merke
Bei einer Interpretation und Analyse von Texten musst du deine Ausführungen oft durch Textzitate belegen. Dabei ist es wichtig, dass du deine Zitate sprachlich in den Satzzusammenhang einbindest.

Ergänze die Sätze.

a) Füge die Sprachbausteine grammatisch korrekt in die passenden Sätze ein.

b) Ergänze die Zeilenangaben anhand des Originaltextes.

- **was man in Zeile ... sehen kann, wo geschrieben steht: ...**
- **was in Zeile ... bis ... deutlich wird, wo es heißt: ...**
- **was sich durch die Aussage ... in Zeile ... belegen lässt**
- **Mit dem Satz ... in Zeile ... wird angedeutet, dass ...**

Tipp:* *Achte auch auf die einzufügenden Zeilen- bzw. Verszahlen.
Achte genau auf die Teile der vier Sprachbausteine.

① Der Lokführer Johnie vertraut der Technik ganz, ______________________

______________________ „Die Brücke noch! Aber was tut es, wir bezwingen es doch. Ein fester Kessel, ein doppelter Dampf. Die bleiben Sieger in einem solchen Kampf. Und wie's auch rast und ringt und rennt. Wir kriegen es unter: das Element." Johnie glaubt also, mit seinem Zug die Naturgewalten besiegen zu können.

(**Einfügen:** Zeile ... bis ...)

② Johnies Eltern, die Brückenwärter, ahnen das tragische Geschehen bereits voraus,

____

______________________ „Und die Brücknersleut, ohne Rast und Ruh und in Bangen sehen nach Süden zu" ______________________, die in Zeile .../... noch einmal wiederholt wird.

(**Einfügen:** Zeile ... bis ...)

③ ______________________ „Und die Brücke muss in den Grund hinein"

______________________ die Hexen die Brücke über den Fluss zerstören wollen.

(**Einfügen:** Zeile ... bis ...)

④ Der Lokführer Johnie ist stolz auf die Brücke, ______________________

____

„Und unser Stolz ist unsere Brück'.

(**Einfügen:** Zeile ... bis ...)

Sprachbausteine zur Zusammenfassung am Schluss einer Textinterpretation und -analyse

Merke
Bei einer Textinterpretation und -analyse musst du am Schluss deine Ausführungen zusammenfassen und ein Fazit ziehen.

Bei der Formulierung des Schlussteils helfen dir die folgenden sprachlichen Wendungen. Leider sind sie spiegelverkehrt gedruckt. Finde die richtigen Sprachbausteine heraus und schreibe sie auf.

Beispiel: ***... ssad, negas osla hcis tssäl tizaF slA***

Als Fazit lässt sich also sagen, dass ...

a) ... ssad, nelletstsef hcis tssäl dneßeilhcsbA

____

b) ... ssad, negas osla hcis tssäl dnessafnemmasuZ

____

c) ... ssad, negnaleg ssulhcS med uz osla nam nnak hcanmeD

____

____

d) ... ssad, nelletstsef osla hcis tssäl tizaF slA

____

e) ... ssad, negas hcanmed nam nnak denßeilhcsbA

____

f) ... ssad, nelletstsef osla nam nnak dnessafnemmasuZ

____

g) ... ssad, negas osla nam nnak hcilgloF

____

Sprachbausteine für die abschließende persönliche Wertung eines Textes

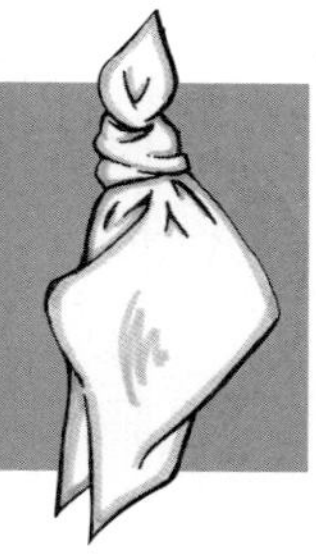

Merke
Oft wird bei einer Textinterpretation und -analyse erwartet, dass du am Schluss noch eine persönliche Wertung zu dem Text abgibst.

Bringe die Sprachbausteine in eine grammatisch richtige Reihenfolge. Schreibe sie auf.

a) an der Geschichte ◆ , dass ... ◆ gefällt ◆ Mir persönlich

b) finde ◆ , weil ... ◆ überzeugend ◆ Ich persönlich ◆ die Geschichte

c) die Geschichte ◆ , weil ... ◆ gefällt ◆ Mir persönlich

d) es ◆ , eine gute Geschichte zu schreiben ◆ gelungen ◆ , weil ... ◆ dem Autor ◆ ist ◆ Meiner Meinung nach

e) , weil ... ◆ die Geschichte ◆ nicht ◆ Mir persönlich ◆ gefällt

f) dem Autor ◆ es ◆ Meiner Meinung nach ◆ eine gute Geschichte zu schreiben ◆ nicht gelungen ◆ ist ◆ , weil ...

g) nicht überzeugend ◆ die Geschichte ◆ , weil ... ◆ finde ◆ Ich persönlich

h) nicht ◆ Mir persönlich ◆ , dass ... ◆ gefällt ◆ an der Geschichte

i) gefällt ◆ nur zum Teil ◆ , weil ... ◆ die Geschichte ◆ Mir persönlich

Sprachbausteine für die Formulierung der eigenen Meinung

Vervollständige die sprachlichen Wendungen zur Formulierung der eigenen Meinung. Ergänze die Sätze mit den vorgegebenen Sprachbausteinen.

meiner ◆ der ◆ denke ◆ dass ◆ bin ◆ nach ◆ Auffassung ◆ Ich

Diskussion der Klasse 8a zum Thema „Wahlrecht für Vierzehnjährige“

a) Jörg: „Ich ____________________, dass Jugendliche noch nicht ab 14 Jahren wählen sollten.“

b) Erkan: „Meiner Meinung ____________________ sind wir noch viel zu jung dafür.“

c) Jana: „____________________ meine, dass man erst ab 16 bis 17 Jahren alt genug zum Wählen ist.“

d) Ferhat: „Nach ____________________ Ansicht ist man erst zum Wählen reif genug, wenn man erwachsen ist.“

e) Selma: „Ich ____________________ der Auffassung, dass wir das erst mit 18 Jahren sind.“

f) Heiko: „Ich bin der Ansicht, ____________________ dass viele von uns das jetzt schon sind.“

g) Fatma: „Meiner ____________________ nach sollten wir schon jetzt das Wahlrecht haben.“

h) Felix: „Ich bin ____________________ Meinung, dass wir das Wahlrecht auf jeden Fall in zwei Jahren erhalten sollten, wenn wir 16 sind.“

Sprachbausteine für die Wiedergabe der Meinung/Aussage einer anderen Person

Verwandle die Sätze in die indirekte Rede. Bilde dazu „dass-Sätze“ und verwende die Verben in den Klammern.

Beispiel:* *(bemerken) Timo: „Computerspielen bildet auf jeden Fall“. ▷ Timo bemerkt, dass Computerspielen auf jeden Fall bildet.

a) *(kritisieren)* Lina: „Viele Jugendliche sitzen nur noch vor dem Computer.“

____

b) *(behaupten)* Ersan: „Ständiges Computerspielen kann Jugendliche ganz sicher süchtig machen.“

____

c) *(vermuten)* Florian: „Manche Jugendliche sind bestimmt schon computerspielsüchtig.“

____

d) *(gestehen)* Kemal: „Ich habe bei bestimmten Spielen manchmal Probleme mit dem Ausschalten des Computers.“

____

e) *(meinen)* Boris: „Computerspiele sind eben spannend.“

____

f) *(vorschlagen)* Lina: „Deshalb sollte die Dauer von Computerspielen begrenzt werden.“

____

g) *(fordern)* Fatma: „Die Spieldauer muss unbedingt auf 60 Minuten eingeschränkt werden.“

____

h) *(feststellen)* Nils: „In diesem Bereich muss unbedingt etwas getan werden.“

____

Sprachbausteine zum Ausdruck einer gegenteiligen Meinung

Ergänze die Sätze mit den Sprachbausteinen, die eine gegenteilige Meinung ausdrücken.

Tipp: Die Buchstabenzahl des passenden Worts ist vorgegeben.

dass • hingegen • denke • dagegen • ich • jedoch • Auffassung • dagegen

a) Ich _ _ _ _ _ _ _ meine, dass niemand zum Tragen einer Schuluniform gezwungen werden soll.

b) _ _ _ meine jedoch, dass die Einführung von Busbegleitern keineswegs zu weniger Gedrängel beim Einsteigen in die Schulbusse führen wird.

c) Ich hingegen denke, _ _ _ _ wir für die Einrichtung eines Schulkiosks kämpfen sollten.

d) Ich bin jedoch der _ _ _ _ _ _ _ _ _ _, dass wir unbedingt eine Klassenfahrt machen sollten.

e) Ich dagegen _ _ _ _ _, dass wir das Klassenzimmer gelb anstreichen sollten.

f) Ich _ _ _ _ _ _ _ _ meine, dass die Einrichtung von Ganztagsschulen sinnvoll ist.

g) Ich bin _ _ _ _ _ _ _ der Meinung, dass wir am Wandertag ins Kino gehen sollten.

h) Ich denke _ _ _ _ _ _, dass Markenklamotten von besserer Qualität sind.

Birgit Lascho: Training Wortschatz – Grammatik – Aufsatz

Sprachbausteine, mit denen du der Meinung einer anderen Person teilweise zustimmen kannst

Mithilfe der Sprachbausteine kannst du ausdrücken, dass du einer anderen Person in einigen Punkten zustimmst.
Bringe die Sprachbausteine in die richtige Reihenfolge. Schreibe sie auf.

a) halte ◆ nur ◆ Forderung ◆ berechtigt ◆ Alis ◆ für ◆ teilweise ◆ Ich

____ ,

denn auf der einen Seite können sich Jugendliche durch ein eigenes Girokonto leicht verschulden, auf der anderen Seite können sie durch ein eigenes Girokonto früh den Umgang mit Geld erlernen.

b) kann ◆ Teil ◆ Aussage ◆ zum ◆ Ich ◆ Brittas ◆ nachvollziehen ◆ nur

____ .

Einerseits denke ich, dass wir die Gruppenarbeit ohne fremde Hilfe erledigen sollten, andererseits meine ich, dass die Aufgabe für uns allein zu schwer ist.

c) für ◆ Esras ◆ halte ◆ Behauptung ◆ Teil ◆ nur ◆ zutreffend ◆ Ich ◆ zum

____ ,

denn einerseits kann man durch die Einführung von Schuluniformen zwar für soziale Gleichheit hinsichtlich der Kleidung sorgen, andererseits gibt es dann aber trotzdem noch genug andere Möglichkeiten für die Schüler und Schülerinnen, ihren sozialen Status durch das Mitbringen von anderen Gegenständen zu zeigen.

d) zum ◆ kann ◆ Jans ◆ folgen ◆ Ich ◆ nur ◆ Argumentation ◆ Teil

____ ,

denn einerseits halte ich ein generelles Rauchverbot in der Schule zwar für sinnvoll, andererseits denke ich aber, dass es in der Praxis nicht durchsetzbar und damit sinnlos ist.

e) nur ◆ Sabines ◆ Ich ◆ Ausführungen ◆ zustimmen ◆ bedingt ◆ kann

____ .

Einerseits halte ich eine Tempo-30-Zone vor der Schule für wünschenswert, andererseits denke ich aber, dass sich die Autofahrer sowieso nicht daran halten werden.

Konjunktionen und sprachliche Wendungen zur Aneinanderreihung von Argumenten

Finde die richtigen Konjunktionen und sprachlichen Wendungen aus dem Buchstabensalat heraus. Schreibe sie auf.

①

e u
z
m d

____

②

n r
e e
r f

____

③

ß r a
m e
d u e

____

④

n b n
e d
a e

____

Achtung, zwei Wortbestandteile. Die angegebenen Buchstaben helfen dir.

⑤

r s e
t e e
i e n

d ______________ **W** ______________

⑥

e u i r
r s ü
a b n a

d ______________ **h** ______________

Achtung, mehrere Wörter!

⑦

Argument Als kann
, dass ... werden
angeführt weiteres

____

⑧

kommt
Dazu
, dass ...

____

⑨

, dass ... Ein
Argument ist
weiteres

____

Sprachbausteine zum Aufzeigen von Vorteilen

Ergänze bei den Sprachbausteinen zum Aufzeigen von Vorteilen die Konjunktionen *dass* oder *weil*. Vergiss nicht das Komma vor den Konjunktionen.

Beispiel:* *Dieser Füller (bietet den Vorteil) ______ er ein spezielles Griffprofil besitzt.
▷ *Dieser Füller bietet den Vorteil, dass er ein spezielles Griffprofil besitzt.*

a) Diese Wandfarbe (bietet den Vorzug) ______________ sie abwaschbar ist.

b) Diese automatische Abschaltung (ist sinnvoll) ______________ der Wasserkocher sich so nicht überhitzen kann.

c) Diese Lampe (ist den anderen vorzuziehen) ______________ sie höhenverstellbar ist.

d) (Der Vorzug) dieses Autos (besteht darin) ______________ es besonders wenig Benzin verbraucht.

e) Diese Creme (besitzt den Vorteil) ______________ sie die Haut gleichzeitig gegen Sonnenbrand schützt.

f) Dieser Fahrradhelm (ist besser) ______________ er weiß ist und deshalb die Sonne nicht so anzieht.

g) Dieses Motorrad (ist vorteilhaft) ______________ es weniger Benzin benötigt.

h) (Der Vorteil) dieses Haarshampoos (besteht darin) ______________ es das Nachfetten der Haare verhindert und zugleich für glänzendes Haar sorgt.

i) Dieses Handy (hat den Vorteil) ______________ man es auch als Taschenlampe verwenden kann.

j) Dieser Hausschuh (ist) für drinnen und draußen (geeignet) ______________ er über eine spezielle Kunststoffsohle verfügt.

Ausdrucksstarke Adjektive für Werbetexte

Werbetexte arbeiten manchmal mit besonders ausdrucksstarken Adjektiven. Sie werden mithilfe von Wörtern wie super, mega, ultra und extra besonders hervorgehoben, obwohl man sie doch auch einfach steigern könnte.

1. Welche Steigerung ist gesucht?

a) Bringe die Buchstaben in die richtige Reihenfolge.

b) Schreibe die so gefundenen Hochwertwörter auf.

t e r a x p r e s u g a m e l a r u t

__________ stark __________ günstig __________ schnell __________ leicht

c) Wie lautet die richtige Steigerungsform der vier Adjektive?

stark ______________________________

günstig ______________________________

schnell ______________________________

leicht ______________________________

2. Finde die passenden Adjektive heraus und schreibe sie auf.

Beispiel: frisch wie Blumen ▷ blumenfrisch

a) leicht wie für Kinder ▷ ______________________________

b) frisch wie im Frühling ▷ ______________________________

c) weiß wie eine Perle ▷ ______________________________

d) scharf wie ein Messer ▷ ______________________________

e) frisch wie im April ▷ ______________________________

f) weich wie Butter ▷ ______________________________

g) weiß wie Blüten ▷ ______________________________

h) leicht wie eine Feder ▷ ______________________________

i) schnell wie ein Blitz ▷ ______________________________

j) weiß wie Schnee ▷ ______________________________

Sprachbausteine für den Einleitungsteil eines Bewerbungsschreibens

Vervollständige den Einleitungsteil für ein Bewerbungsschreiben. Schreibe die passenden Wörter in die Satzlücken der drei Beispiele.

Ihre ◆ mich ◆ Ihnen ◆ Ihrer ◆ einen ◆ der ◆ Ihre ◆ diesen ◆ der ◆ diese ◆ Ihre ◆ mich ◆ großem ◆ die ◆ Ihnen ◆ der ◆ mich

a) Sehr geehrte Damen und Herren,

hiermit möchte ich ____________ bei ____________ auf ____________ am 22.09.08

in ____________ Rhein-Main-Zeitung erschienene Stellenausschreibung

um ____________ Ausbildung zum/zur Fleischereifachverkäufer/-in bewerben.

b) Sehr geehrte Damen und Herren,

mit ____________ Interesse habe ich ____________ Stellenausschreibung in

____________ Rhein-Main-Zeitung vom 22.09.08 für ____________ Ausbildungsplatz

zum/zur Fleischereifachverkäufer/-in gelesen. Hiermit möchte ich ____________

bei ____________ um ____________ Ausbildungsplatz bewerben.

c) Sehr geehrte Damen und Herren,

am 22.09.08 ist ____________ Anzeige in ____________ Rhein-Main-Zeitung

erschienen, dass bei ____________ Firma eine Ausbildungsstelle als Fleischerei-

fachverkäufer/-in frei ist. Auf ____________ Stelle möchte ich ____________

hiermit bewerben.

Sprachbausteine für die Begründung des Berufswunsches

Vervollständige den Text. Trage die passenden Wörter in die Satzlücken ein.

Tipp:** **Die Buchstabenzahl ist vorgegeben. Ü zählt als ein Buchstabe.

deshalb ◆ Denn ◆ Aus diesen Gründen ◆ da ◆ Deswegen ◆ weil ◆ Von daher

Warum ich gern Verkäuferin/Verkäufer werden möchte

Verkaufen macht mir Freude, was ich bei unserem zweimal jährlich stattfindenden Wohltätigkeitsbasar bei der Jugendfeuerwehr festgestellt habe. ① _ _ _ _ ich kommuniziere gern mit Leuten und berate sie persönlich. ② Außerdem macht mir das Dekorieren von Waren Spaß, _ _ _ _ ich dabei meine kreativen Fähigkeiten entfalten kann. ③ _ _ _ _ _ _ _ _ möchte ich mich gerade um diese Ausbildung bei Ihnen bewerben. ④ Außerdem habe ich schon mein Schulpraktikum in einer Metzgerei gemacht, wo ich unter anderem auch im Bereich Verkauf tätig war und _ _ _ _ _ _ _ schon einen guten Einblick in die Arbeitsabläufe in einer Metzgerei gewinnen konnte. ⑤ _ _ _ _ _ _ _ _ weiß ich bereits eine Menge über die Lagerung von Wurstwaren und kenne für die meisten Wurstsorten schon die Fachbezeichnungen. ⑥ Dass man bei dem Beruf den ganzen Tag stehen muss, macht mir nichts aus, _ _ ich von der Jugendfeuerwehr her körperliche Tätigkeiten wie längeres Stehen gewohnt bin. ⑦ _ _ _ _ _ _ _ _ _ _ _ _ _ _ _ _ _ denke ich, dass der Beruf zu mir passt.

Sprachbausteine: Schlussteil eines Bewerbungsschreibens

a) Arbeite die zwei in den Wortschlangen verborgenen Sprachbausteine für den Schlussteil eines Bewerbungsschreibens heraus.

b) Schreibe die Sprachbausteine auf und gliedere sie wie in dem Beispiel.

Beispiel:
Ich würde mich über eine Einladung zu einem Vorstellungsgespräch sehr freuen.
Mit freundlichem Gruß
Esma Calik

①

②

Baustein II: Training grammatischer Grundfertigkeiten

Was kannst du schon und wo hast du noch Übungsbedarf?

1. Ergänze bei den folgenden Wörtern den bestimmten Artikel *(der, die, das)*.

________ Lastwagen, ________ Mülltonne, ________ Briefpapier, ________ Notizbuch

________ Wäschewanne, ________ Kindergarten, ________ Turmuhr, ________ Briefkasten,

________ Streichholz, ________ Hausmeister, ________ Schnapsflasche,

________ Alkoholverbot

☐ **von 12 Punkten**

2. Ergänze den fehlenden Artikel und das in Klammern stehende Adjektiv im Singular in der grammatisch passenden Form.

a) Das Haar ________ ____________________ *(alte)* Frau ist grau.

b) Sie schenkt ________ ____________________ *(klein)* Kind Bonbons.

c) Er sucht nach ________ ____________________ *(neu)* Adresse.

d) Die Mundwinkel ________ ____________________ *(frech)* Jungen verziehen sich.

e) Sie reitet ________ ____________________ *(schwarz)* Pferd.

f) Er läuft ________ ____________________ *(seltsam)* Mann hinterher.

g) ________ ____________________ *(glücklich)* Mädchen springt vor Freude in die Luft.

h) Er verliebt sich in ________ ____________________ *(vornehm)* Dame.

☐ **von 8 Punkten**

3. Ergänze die in Klammern stehenden Possessivpronomen und Adjektive in der grammatisch passenden Form.

a) ________ ____________________ *(mein/groß)* Bruder kommt nachher.

b) Die Frisur ________ ____________________ *(dein/klein)* Mädchens ist hübsch.

c) Ich gebe ________ ____________________ *(ihr/hungrig)* Hund Futter.

d) Ich nehme ________ ____________________ *(dein/alt)* Fahrrad.

e) Ich suche ________ ____________________ *(mein/braun)* Tasche.

f) _______ ________________ *(unser/neu)* Katze ist schon ganz zutraulich.

g) Der Reißverschluss _______ ________________ *(dein/grün)* Jacke ist kaputt.

h) Ich habe den Schlüssel bei _______ ________________ *(sein/freundlich)* Nachbarin abgegeben.

☐ **von 8 Punkten**

4. Ergänze das Demonstrativpronomen *dieser, diese, dieses* und das in Klammern stehende Adjektiv im Singular in der grammatisch passenden Form.

a) Die Worte _______ ________________ *(frech)* Jungen sind nicht wahr.

b) Mit _______ ________________ *(unmöglich)* Dame rede ich nicht.

c) Ich hoffe, die Buchhandlung hat _______ ________________ *(neu)* Buch vorrätig.

d) _______ ________________ *(arm)* Mann würde ich gerne helfen.

e) Die Ohrringe _______ ________________ *(vornehm)* Frau sehen toll aus.

f) Das Geschrei _______ ________________ *(laut)* Kindes ist kaum auszuhalten.

g) _______ ________________ *(toll)* Sänger habe ich irgendwo schon einmal gesehen.

h) Ich habe mir _______ ________________ *(weiß)* Bluse gekauft.

☐ **von 8 Punkten**

5. Bilde die dritte Person Singular Präsens zu den folgenden Verben.

① sprechen	▷ er/sie/es ____________	② halten	▷ er/sie/es ____________
③ messen	▷ er/sie/es ____________	④ wissen	▷ er/sie/es ____________
⑤ sehen	▷ er/sie/es ____________	⑥ fangen	▷ er/sie/es ____________
⑦ tragen	▷ er/sie/es ____________	⑧ stehlen	▷ er/sie/es ____________
⑨ sein	▷ er/sie/es ____________	⑩ wollen	▷ er/sie/es ____________
⑪ mögen	▷ er/sie/es ____________	⑫ stechen	▷ er/sie/es ____________

☐ **von 12 Punkten**

6. Bilde die dritte Person Singular im Präteritum zu folgenden Verben.

① treffen ▷ er/sie/es ________________ ② raten ▷ er/sie/es ________________

③ ziehen ▷ er/sie/es ________________ ④ lügen ▷ er/sie/es ________________

⑤ finden ▷ er/sie/es ________________ ⑥ laden ▷ er/sie/es ________________

⑦ nehmen ▷ er/sie/es ________________ ⑧ schießen ▷ er/sie/es ________________

⑨ lassen ▷ er/sie/es ________________ ⑩ schreiben ▷ er/sie/es ________________

⑪ frieren ▷ er/sie/es ________________ ⑫ laufen ▷ er/sie/es ________________

☐ **von 12 Punkten**

7. Ergänze bei den folgenden Perfekt- und Plusquamperfektformen das Partizip II des in Klammern stehenden Verbs.

① er hat ________________ *(verlieren)* ② sie war ________________ *(springen)*

③ es hatte ________________ *(stinken)* ④ er hatte ________________ *(sprechen)*

⑤ sie hatte ________________ *(bitten)* ⑥ es hat ________________ *(nehmen)*

⑦ er ist ________________ *(fliehen)* ⑧ er hatte ________________ *(schreiben)*

⑨ sie hat ________________ *(streichen)* ⑩ es hat ________________ *(beißen)*

⑪ es hat ________________ *(wiegen)* ⑫ sie hat ________________ *(gewinnen)*

☐ **von 12 Punkten**

8. Ergänze in den folgenden Sätzen bei den verschiedenen Passivformen die fehlenden Partizip-II-Formen.

a) Sie wird nach Hause ____________________ *(bringen).*

b) Er wurde ins Krankenhaus ____________________ *(fliegen).*

c) Die Blumen sind gestern ____________________ *(gießen)* worden.

d) Er war dazu ____________________ *(zwingen)* worden.

e) Es wurde ____________________ *(durchschneiden).*

f) Der Laden war ____________________ *(schließen).*

g) Sie ist von einer Wespe __________________ *(stechen)* worden.

h) Das Fahrrad wird beiseite __________________ *(schieben).*

☐ **von 8 Punkten**

9. Ergänze die fehlenden Konjunktiv-I-Formen der Verben in der dritten Person Singular.

Die Frau erzählte mir, ...

a) der Junge __________________ *(weinen)* schon seit einer Stunde.

b) sie __________________ *(sein)* ratlos.

c) sie __________________ *(wissen)* nicht warum.

d) sie __________________ *(haben)* schon alles versucht, um ihn zu trösten.

e) sie __________________ *(machen)* sich echt Sorgen um ihn.

f) er __________________ *(liegen)* schon die ganze Zeit im Kinderbett.

g) er __________________ *(wollen)* nicht spielen.

h) vielleicht __________________ *(leiden)* er unter Bauchschmerzen.

☐ **von 8 Punkten**

10. Ergänze die fehlenden Konjunktiv-II-Formen der Verben in der dritten Person Plural.

Der Mann erklärte, ...

a) Die Vögel __________________ *(fliegen)* jedes Jahr in den Süden.

b) Heike und Uli __________________ *(sitzen)* im Wohnzimmer.

c) Viele Leute __________________ *(lesen)* eine Tageszeitung.

d) Die beiden __________________ *(wissen)* den Weg nicht.

e) Lara und Esra __________________ *(fahren)* um 17.00 Uhr wieder weg.

f) Die Leute __________________ *(müssen)* immer mehr Geld für das Essen ausgeben.

g) Osman und Ali __________________ *(können)* den Kirschsaft kaufen.

h) Mama und Papa __________________ *(kommen)* erst um 12.00 Uhr.

☐ **von 8 Punkten**

Wie gut bin ich in Grammatik?

Den Lernausgangstest kannst du selbst mithilfe der **Lösungsseiten** im Anhang kontrollieren. Du kannst ihn aber auch jemand anderes kontrollieren lassen, zum Beispiel deinen Tischnachbarn oder deine Tischnachbarin. Wichtig ist, dass der Test **sorgfältig kontrolliert** wird.

Nach der Fehlerkontrolle müssen bei jeder Aufgabe die richtigen Lösungen zusammengezählt werden. Dabei gibt es für jede richtige Lösung einen Punkt. Danach sollten die Punktzahlen für die einzelnen Aufgaben in die Leistungstabelle auf der nächsten Seite eingetragen werden.

Nun suchst du aus der Übersicht unten den Kommentar zum **Leistungsstand** für die entsprechende **Punktzahl** heraus.

Trage den für dich geltenden Kommentar in die **Leistungstabelle** ein. So kannst du sehen, welche grammatischen Bereiche du schon beherrschst und wo du unbedingt noch üben musst.

Das ist mein Leistungsstand

Aufgaben 1 sowie 5 – 7	
12 Punkte	Spitze, das kannst du prima!
11 Punkte	In Ordnung, das kannst du einigermaßen!
9 – 10 Punkte	Hier solltest du noch etwas üben!
6 – 8 Punkte	Hier solltest du noch üben!
0 – 7 Punkte	Hier musst du unbedingt noch üben!

Aufgaben 2 bis 4 sowie 8 bis 10	
8 Punkte	Spitze, das kannst du prima!
7 Punkte	In Ordnung, das kannst du einigermaßen!
6 Punkte	Hier solltest du noch etwas üben!
5 Punkte	Hier solltest du noch üben!
4 Punkte	Hier musst du unbedingt noch üben!

Leistungstabelle – Das kann ich schon

Aufgabe Nr.	Aufgabeninhalt	Punkt-zahl	Leistungsstand
1	Artikel		
2	Deklination von Artikeln, Adjektiven und Nomen		
3	Deklination von Possessivpronomen, Adjektiven und Nomen		
4	Deklination von Demonstrativpronomen, Adjektiven und Nomen		
5	Konjugation unregelmäßiger Verben im Präsens		
6	Konjugation unregelmäßiger Verben im Präteritum		
7	Konjugation unregelmäßiger Verben im Perfekt und Plusquamperfekt		
8	Konjugation unregelmäßiger Verben im Passiv		
9	Konjugation unregelmäßiger Verben im Konjunktiv I		
10	Konjugation unregelmäßiger Verben im Konjunktiv II		

Umgang mit dem Wörterbuch – Hilfe bei grammatischen Fragen

Mit einem Wörterbuch, das du auch bei Klassenarbeiten und Prüfungen zum Nachschlagen benutzen darfst, kannst du dir bei folgenden Unsicherheiten selbst helfen:

▶ **Finden des richtigen Artikels,** denn bei allen Nomen wird das Geschlecht angegeben.
Hinweis: In der Regel steht die Angabe des Artikels oder Geschlechts direkt hinter dem Nomen; beim Duden steht sogar direkt der Artikel ***der, die*** oder ***das,*** bei anderen Wörterbüchern kann stattdessen aber auch ***m, f*** oder ***n*** stehen.
Dabei steht ***m*** für ***maskulinum,*** was ***männlich*** bedeutet, also den Artikel ***der*** erfordert, ***f*** für ***femininum,*** was ***weiblich*** bedeutet, also den Artikel ***die*** verlangt, und ***n*** für ***neutrum,*** was ***sächlich*** bedeutet, also den bestimmten Artikel ***das*** bekommt.

Achtung: Um bei zusammengesetzten Nomen Informationen zu finden, musst du unter dem Grundwort, dem letzten Bestandteil des zusammengesetzten Wortes, nachschlagen.

Beispiel: für Blumenvase unter Vase
oder für Bilderrahmen unter Rahmen

▶ **Finden der Pluralform** und **der Genitivform im Singular.**

Hinweis: Hier wird normalerweise erst die Endung für die Genitivform im Singular angegeben, bevor die Endung der Pluralform oder die komplette Pluralform gezeigt wird.

Achtung: Nicht alle Wörterbücher bieten wie der Duden grundsätzlich immer die Pluralform sowie die Singularform im Genitiv an. Deshalb achte bei der Auswahl deines Wörterbuches darauf, ob diese Angaben vorhanden sind.

▶ **Finden der Verbformen bei unregelmäßigen Verben.**
Hinweis: Im Duden sind folgende Formen angegeben: die zweite Person Singular im Präsens, im Präteritum, im Konjunktiv sowie das Partizip, das du für die Bildung weiterer Zeitformen benötigst.

Achtung: Bei anderen Wörterbüchern können sich diese Formen auch im Anhang befinden.

Beispiel: laufen ▷ du läufst, du liefst, du liefest, du bist gelaufen

1. **Wie lautet der Artikel? Nimm ein Wörterbuch zu Hilfe.**

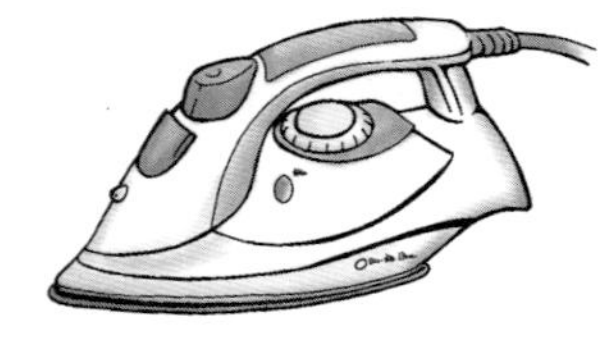

a) Schulbucheinband ____________________

b) Dampfbügeleisen ____________________

c) Arbeitsbeschaffungsmaßnahme ____________________

d) Zwillingskinderwagen ____________________

2. **Suche die Partizip-Perfekt-Form (Partizip II) für die unregelmäßigen Verben. Benutze dazu ein Wörterbuch.**

Beispiel: geben ▷ gegeben

a) zwingen ____________________

b) sitzen ____________________

c) werfen ____________________

3. **Finde die Konjunktiv-II-Formen in der dritten Person Plural zu den unregelmäßigen Verben. Benutze ein Wörterbuch und schreibe sie auf.**
Achtung: Bei einem Wort gibt es zwei Möglichkeiten. Schreibe beide auf.

Beispiel: fahren ▷ sie führen

a) wiegen
sie ____________________

b) sinken
sie ____________________

c) gewinnen
sie ____________________

Verben von befehlen bis fliegen

Infinitiv	Präsens 3. Person Singular	Präteritum 3. Person Singular	Partizip II
befehlen	befiehlt	befahl	befohlen
beginnen	beginnt	begann	begonnen
beißen	beißt	biss	gebissen
bergen	birgt	barg	geborgen
biegen	biegt	bog	gebogen
bieten	bietet	bot	geboten
binden	bindet	band	gebunden
bitten	bittet	bat	gebeten
blasen	bläst	blies	geblasen
bleiben	bleibt	blieb	geblieben
braten	brät	briet	gebraten
brechen	bricht	brach	gebrochen
brennen	brennt	brannte	gebrannt
bringen	bringt	brachte	gebracht
denken	denkt	dachte	gedacht
dürfen	darf	durfte	gedurft
empfehlen	empfiehlt	empfahl	empfohlen
erlöschen	erlischt	erlosch	erloschen
essen	isst	aß	gegessen
fahren	fährt	fuhr	gefahren
fallen	fällt	fiel	gefallen
fangen	fängt	fing	gefangen
fechten	ficht	focht	gefochten
finden	findet	fand	gefunden
flechten	flicht	flocht	geflochten
fliegen	fliegt	flog	geflogen

Verben von fliehen bis kriechen

Infinitiv	Präsens 3. Person Singular	Präteritum 3. Person Singular	Partizip II
fliehen	flieht	floh	geflohen
fließen	fließt	floss	geflossen
fressen	frisst	fraß	gefressen
frieren	friert	fror	gefroren
gebären	gebiert	gebar	geboren
geben	gibt	gab	gegeben
gehen	geht	ging	gegangen
gelingen	gelingt	gelang	gelungen
genießen	genießt	genoss	genossen
geschehen	geschieht	geschah	geschehen
gewinnen	gewinnt	gewann	gewonnen
gießen	gießt	goss	gegossen
gleichen	gleicht	glich	geglichen
graben	gräbt	grub	gegraben
greifen	greift	griff	gegriffen
haben	hat	hatte	gehabt
halten	hält	hielt	gehalten
hängen	hängt	hing	gehangen/gehängt
heben	hebt	hob	gehoben
heißen	heißt	hieß	geheißen
helfen	hilft	half	geholfen
kennen	kennt	kannte	gekannt
klingen	klingt	klang	geklungen
kommen	kommt	kam	gekommen
können	kann	konnte	gekonnt
kriechen	kriecht	kroch	gekrochen

Verben von laden bis scheißen

Infinitiv	Präsens 3. Person Singular	Präteritum 3. Person Singular	Partizip II
laden	lädt	lud	geladen
lassen	lässt	ließ	gelassen
laufen	läuft	lief	gelaufen
leiden	leidet	litt	gelitten
leihen	leiht	lieh	geliehen
lesen	liest	las	gelesen
liegen	liegt	lag	gelegen
lügen	lügt	log	gelogen
meiden	meidet	mied	gemieden
messen	misst	maß	gemessen
misslingen	misslingt	misslang	misslungen
mögen	mag	mochte	gemocht
müssen	muss	musste	gemusst
nehmen	nimmt	nahm	genommen
nennen	nennt	nannte	genannt
pfeifen	pfeift	pfiff	gepfiffen
raten	rät	riet	geraten
reißen	reißt	riss	gerissen
reiten	reitet	ritt	geritten
rennen	rennt	rannte	gerannt
riechen	riecht	roch	gerochen
rufen	ruft	rief	gerufen
saufen	säuft	soff	gesoffen
scheiden	scheidet	schied	geschieden
scheinen	scheint	schien	geschienen
scheißen	scheißt	schiss	geschissen

Verben von schieben bis stehen

Infinitiv	Präsens 3. Person Singular	Präteritum 3. Person Singular	Partizip II
schieben	schiebt	schob	geschoben
schießen	schießt	schoss	geschossen
schlafen	schläft	schlief	geschlafen
schlagen	schlägt	schlug	geschlagen
schleichen	schleicht	schlich	geschlichen
schließen	schließt	schloss	geschlossen
schmeißen	schmeißt	schmiss	geschmissen
schneiden	schneidet	schnitt	geschnitten
schreiben	schreibt	schrieb	geschrieben
schreien	schreit	schrie	geschrien
schreiten	schreitet	schritt	geschritten
schweigen	schweigt	schwieg	geschwiegen
schwellen	schwillt	schwoll	geschwollen
schwimmen	schwimmt	schwamm	geschwommen
schwören	schwört	schwor	geschworen
sehen	sieht	sah	gesehen
sein	ist	war	gewesen
senden	sendet	sandte	gesandt
singen	singt	sang	gesungen
sinken	sinkt	sank	gesunken
sitzen	sitzt	saß	gesessen
spinnen	spinnt	spann	gesponnen
sprechen	spricht	sprach	gesprochen
springen	springt	sprang	gesprungen
stechen	sticht	stach	gestochen
stehen	steht	stand	gestanden

Birgit Lascho: Training Wortschatz – Grammatik – Aufsatz

Verben von stehlen bis zwingen

Infinitiv	Präsens 3. Person Singular	Präteritum 3. Person Singular	Partizip II
stehlen	stiehlt	stahl	gestohlen
steigen	steigt	stieg	gestiegen
sterben	stirbt	starb	gestorben
stinken	stinkt	stank	gestunken
stoßen	stößt	stieß	gestoßen
streichen	streicht	strich	gestrichen
streiten	streitet	stritt	gestritten
tragen	trägt	trug	getragen
treffen	trifft	traf	getroffen
trinken	trinkt	trank	getrunken
tun	tut	tat	getan
verderben	verdirbt	verdarb	verdorben
vergessen	vergisst	vergaß	vergessen
verlieren	verliert	verlor	verloren
wachsen	wächst	wuchs	gewachsen
weben	webt	wob	gewoben
weisen	weist	wies	gewiesen
sich wenden an	wendet sich an	wandte sich an	hat sich gewandt an
werben	wirbt	warb	geworben
werden	wird	wurde	geworden
werfen	wirft	warf	geworfen
wiegen	wiegt	wog	gewogen
wissen	weiß	wusste	gewusst
wollen	will	wollte	gewollt
ziehen	zieht	zog	gezogen
zwingen	zwingt	zwang	gezwungen

Den richtigen Artikel bei zusammengesetzten Nomen finden

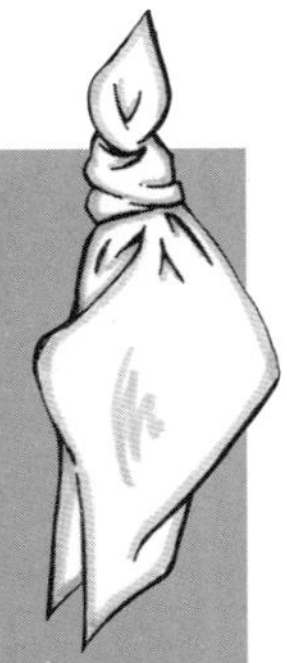

Merke
Bei zusammengesetzten Nomen wird der Artikel durch das Geschlecht des letzten Nomens bestimmt.

Beispiele: ***Kleiderständer***
das Kleid + der Ständer
→ ***der Kleiderständer***

Raubtierhaus
der Raub + das Tier + das Haus
→ ***das Raubtierhaus***

1. Finde heraus, welche Wörter in dem Silbensalat verborgen sind.
a) Schreibe sie mit den passenden Artikeln *(der, die, das)* auf.
b) Beachte, dass Nomen großgeschrieben werden.

① ten – kin – gar – der

____

② cher – gal – bü – re

____

③ ten – ta – ak – sche

____

④ mer – tür – zim – wohn

____

⑤ fe – stein – ger – schorn

____

⑥ mäpp – der – chen – fe

____

⑦ zei – hofs – uhr – ger – bahn

____

⑧ bad – gangs – schwimm – tür – ein

____

⑨ kot – ball – kampf – fuß – tri – wett

____

⑩ ver – tritts – vor – ein – kar – kauf – ten

____

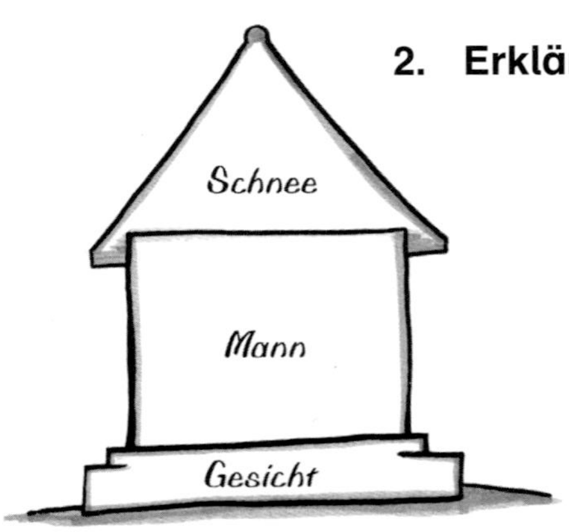

2. Erkläre die Zeichnung.

_______________ ist das im Fundament des Hauses stehende Grundwort für _______________ . Deshalb bestimmt es das _______________ und den Artikel des Wortes _______________ .

Artikel, Adjektiv und Nomen

1. Suche die passenden Adjektive mit Artikel heraus und füge sie in der grammatisch richtigen Form in die Satzlücken ein.

das nette ◆ der netten ◆ die nette ◆ Dem netten ◆ die nette ◆ dem netten ◆ das nette ◆ des netten ◆ Der nette ◆ der netten ◆ den netten ◆ des netten

① *(wer oder was?)* ____________________ Mann, ____________________ Frau,

und ____________________ Kind gehen die Straße entlang.

② Die Haare *(wessen?)* ____________________ Mannes, ____________________ Frau

und ____________________ Kindes sind blond.

③ *(wem?)* ____________________ Mann, ____________________ Frau,

und ____________________ Kind begegnet ein Hund.

④ Der Hund bellt *(wen oder was?)* ____________________

Mann, ____________________ Frau und

____________________ Kind an, sodass sie Angst

bekommen.

2. Ergänze die Satzlücken.

die netten ◆ Den netten ◆ der netten ◆ Die netten

① *(wer oder was?)* ____________________ Herren, Damen und Kinder gehen ins Kino.

② Die Augen *(wessen?)* ____________________ Herren, Damen und Kinder schauen

gespannt zur Leinwand. ③ *(wem?)* ____________________ Herren, Damen und Kindern

ist schon gruselig zumute, ④ doch die beginnende Werbung verärgert *(wen oder was?)*

____________________ Herren, Damen und Kinder.

Artikel, Adjektiv und Nomen

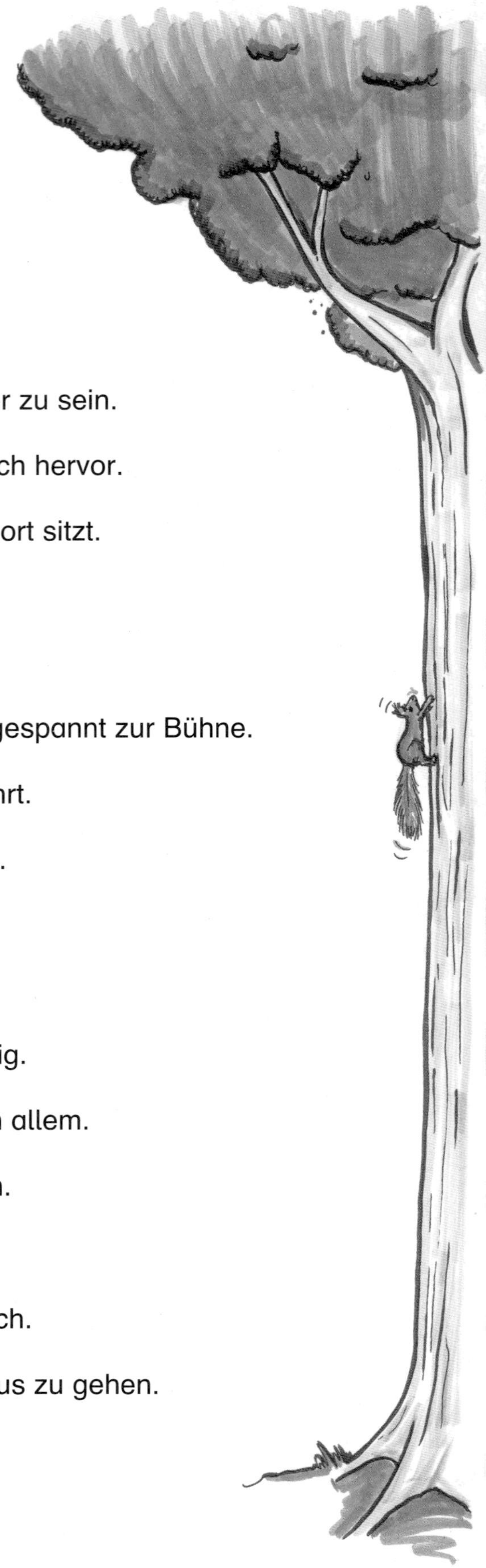

1. Welcher Artikel, welche Endung ist hier richtig?

a) Sie streichelt d ____ niedlich ____ Katze.

b) Er gibt d ____ schwarz ____ Pudel Futter.

c) Sie bringt d ____ eklig ____ Abfall hinaus.

d) Frau Bilker bittet d ____ laut ____ Jugendlichen, leiser zu sein.

e) Esra lockt d ____ ängstlich ____ Katze unter dem Tisch hervor.

f) Die Lehrerin tadelt d ____ frech ____ Mädchen, das dort sitzt.

g) D ____ neu ____ Chef ist nett.

h) Sie gibt d ____ klein ____ Kind einen Lutscher.

i) Die Augen d ____ zahlreich ____ Zuschauer blicken gespannt zur Bühne.

j) Sie machen mit d ____ alt ____ Frau eine Ausflugsfahrt.

k) Kemal und Felix spülen d ____ dreckig ____ Geschirr.

l) Die Stimme d ____ wütend ____ Mannes bebte.

m) Er nimmt d ____ treu ____ Hund mit in den Urlaub.

n) Die Augen d ____ getigert ____ Katze schauen hungrig.

o) Die Hände d ____ neugierig ____ Kindes greifen nach allem.

p) Sie spielen d ____ unsicher ____ Lehrer einen Streich.

q) Jana wirft d ____ alt ____ Schuhe in den Müll.

r) D ____ flink ____ Eichhörnchen klettert den Baum hoch.

s) Sie helfen d ____ gehbehindert ____ Senioren ins Haus zu gehen.

t) D ____ besorgt ____ Mutter sucht ihr Kind.

2. Was fällt dir bei den Adjektiv-Endungen auf?

Artikel, Adjektiv und Nomen

1. Welche Beschreibung passt?
Die Fragewörter geben dir einen Hinweis auf den unbestimmten Artikel und das Adjektiv.

eines schönen ◆ einer schönen ◆ ein schönes ◆ eine schöne ◆ Ein schöner ◆ eines schönen ◆ eine schöne ◆ einem schönen ◆ einen schönen ◆ ein schönes ◆ Einem schönen ◆ einer schönen

a) *(wer oder was?)* ______________ Kater, ______________ Katze und ______________ Pferd sitzen zusammen auf einer Wiese.

b) Die Augen *(wessen?)* ______________ Katers, ______________ Katze und ______________ Pferdes sind oft braun.

c) *(wem?)* ______________ Kater, ______________ Katze und ______________ Pferd gefällt es gewöhnlich draußen.

d) Nichts kann *(wen oder was?)* ______________ Kater, ______________ Katze und ______________ Pferd vom Fressen abhalten.

2. Ergänze die unbestimmten Artikel und die Adjektive. Achtung: Nicht alle unbestimmten Artikel verlangen eine Endung. Findest du sie heraus?

a) Er liest gerade ein _____ spannend _____ Buch.

b) Das Geschrei ein _____ klein _____ Kindes kann sehr unangenehm sein.

c) Ich habe ein _____ hübsch _____ Dame einen Liebesbrief geschrieben.

d) Ein _____ treu _____ Ehemann ist leider keine Selbstverständlichkeit.

e) Ich habe mir ein _____ neu _____ Stadtplan gekauft.

f) Die Augen ein _____ neugeboren _____ Babys sind oft blau.

Possessivpronomen, Adjektiv und Nomen (Teil 1)

Merke
Die Possessivpronomen *(mein, dein sein, ihr, unser und euer)* werden zusammen mit Adjektiven folgendermaßen dekliniert:

Fall	**Singular maskulinum**	**Plural**
Nominativ *Wer oder was?*	mein klein**er** Hund	meine klein**en** Hunde
Genitiv *Wessen?*	meines klein**en** Hundes	meiner klein**en** Hunde
Dativ *Wem?*	meinem klein**en** Hund	meinen klein**en** Hunden
Akkusativ *Wen oder was?*	meinen klein**en** Hund	meine klein**en** Hunde

Fall	**Singular femininum**	**Singular neutrum**
Nominativ *Wer oder was?*	meine klein**e** Katze	mein klein**es** Tier
Genitiv *Wessen?*	meiner klein**en** Katze	meines klein**en** Tieres
Dativ *Wem?*	meiner klein**en** Katze	meinem klein**en** Tier
Akkusativ *Wen oder was?*	meine klein**e** Katze	mein klein**es** Tier

Possessivpronomen, Adjektiv und Nomen (Teil 2)

Ergänze die Formen aus dem Kasten.

ihrem schönen ◆ ihre schönen ◆ ihrer schönen ◆ ihres schönen ◆
ihre schöne ◆ ihre schöne ◆ ihrer schönen ◆ ihr schönes ◆
ihrer schönen ◆ ihr schöner ◆ ihrem schönen ◆
ihres schönen ◆ ihrer schönen ◆ ihr schönes ◆
ihren schönen ◆ ihre schönen

Fall	Singular maskulinum	Plural
Nominativ *Wer oder was?*	________ ______________ Vogel	________ ______________ Vögel
Genitiv *Wessen?*	________ ______________ Vogels	________ ______________ Vögel
Dativ *Wem?*	________ ______________ Vogel	________ ______________ Vögeln
Akkusativ *Wen oder was?*	________ ______________ Vogel	________ ______________ Vögel

Fall	Singular femininum	Singular neutrum
Nominativ *Wer oder was?*	________ ______________ Maus	________ ______________ Pferd
Genitiv *Wessen?*	________ ______________ Maus	________ ______________ Pferdes
Dativ *Wem?*	________ ______________ Maus	________ ______________ Pferd
Akkusativ *Wen oder was?*	________ ______________ Maus	________ ______________ Pferd

Possessivpronomen, Adjektiv und Nomen

1. Ergänze …

a) die fehlenden Endungen der Possessivpronomen und

b) das passende Adjektiv. Achte auf die grammatisch richtige Form.

krank ◆ jünger ◆ schnell ◆ verstorben ◆ hungrig ◆ hervorragend ◆ kaputt ◆ freundlich ◆ neu ◆ verstorben ◆ treu

① Sonja bringt ihr ______ ________________ Uhr zur Reparatur.

② Morgen fahren wir zu mein ______ ________________ Schwester.

③ Sie gießt die Blumen ihr ______ ________________ Nachbarin, die im Krankenhaus liegt.

④ Eur ______ ________________ Wohnung ist größer als die alte.

⑤ Sie füttert ihr ______ ________________ Kater.

⑥ Mit sein ______ ________________ Wesen beeindruckte Jens den Personalchef.

⑦ Vielen Dank für eur ______ ________________ Hilfe, ihr wart wirklich innerhalb von 30 Minuten da.

⑧ Die Augen ihr ______ ________________ Hundes sahen sie bettelnd an.

⑨ Das Grab dein ______ ________________ Mutter muss bepflanzt werden.

⑩ Für ihre ______ ________________ Leistung wurde Ute mit einer Urkunde ausgezeichnet.

2. Was macht Ahmed?

____

____

____

____

Demonstrativpronomen, Adjektiv und Nomen

Erarbeite dir die Deklination des Demonstrativpronomens *dieser, diese, dieses* in Verbindung mit einem Adjektiv. Suche aus dem Kasten die passende Form heraus. Trage sie in die Tabelle ein. Die Angaben in Klammern helfen dir dabei.

diesen kleinen (Dat. Pl. m.) • diese kleine (Akk. Sing. f.) • dieses kleinen (Gen. Sing. m.) • dieses kleinen (Gen. Sing. n.) • dieser kleine (Nom. Sing. m.) • dieser kleinen (Dat. Sing. f.) • dieses kleine (Akk. Sing. n.) • diese kleinen (Nom. Pl. m.) • dieser kleinen (Gen. Sing. f.) • diesen kleinen (Akk. Sing. m.) • diesem kleinen (Dat. Sing. n.) • dieser kleinen (Gen. Pl. m.) • diese kleine (Nom. Sing. f.) • diese kleinen (Akk. Pl. m.) • diesem kleinen (Dat. Sing. m.) • dieses kleine (Nom. Sing. n.)

Fall	Singular maskulinum	Plural maskulinum
Nominativ *Wer oder was?*	________ Kater	________ Kater
Genitiv *Wessen?*	________ Katers	________ Kater
Dativ *Wem?*	________ Kater	________ Katern
Akkusativ *Wen oder was?*	________ Kater	________ Kater

Fall	Singular femininum	Singular neutrum
Nominativ *Wer oder was?*	________ Katze	________ Tier
Genitiv *Wessen?*	________ Katze	________ Tieres
Dativ *Wem?*	________ Katze	________ Tier
Akkusativ *Wen oder was?*	________ Katze	________ Tier

Merke Der Plural ist für alle Geschlechter gleich. Die Adjektive werden so konjugiert, wie beim bestimmten Artikel *(der, die, das).*

[1] Nom. = Nominativ/Gen. = Genitiv/Dat. = Dativ/Akk. = Akkusativ/Sing. = Singular/Pl. = Plural/m = maskulinum/f = femininum/n = neutrum

Demonstrativpronomen, Adjektiv und Nomen

Fülle die Textlücken.

a) Ergänze die fehlenden Endungen der Demonstrativpronomen.

b) Welches Adjektiv passt zu welchem Satz?
Setze es in der grammatisch richtigen Form ein.

betrunken • kaputt • nass • alt • klein • vornehm • unfähig • großartig • schnell • fehlerhaft • unerklärlich • vorlaut

① Dies____ ________________ Produkte müssen aus dem Handel genommen werden.

② Ich habe dies____ ________________ Pullover zum Trocknen aufgehängt.

③ Von dies____ ________________ Idee war er schnell begeistert.

④ Der Lärm dies____ ________________ Studenten ist kaum auszuhalten.

⑤ Dies____ ________________ Lehrer sollte entlassen werden.

⑥ Dies____ ________________ Kind habe ich gestern am Spielplatz gesehen.

⑦ Sie hat dies____ ________________ Roller zum Müll gestellt.

⑧ Man sollte dies____ ________________ Dame ein Pflaster auf den Mund kleben.

⑨ Er hat sich dies____ ________________ Auto gekauft, damit er eine geringere Fahrzeit zur Arbeit hat.

⑩ Sie hatte große Angst vor dies____ ________________ Geräusch.

⑪ Die Haare dies____ ________________ Dame sind schon grau.

⑫ Die Brille dies____ ________________ Herrn sah teuer aus.

Präsens: unregelmäßige Verben

Merke
Im Präsens drückt man eine Handlung aus, die in der Gegenwart geschieht.
Im Präsens ändern die unregelmäßigen Verben ihren Vokal in der zweiten und dritten Person Singular, also bei *du* und *er, sie, es.*

Beispiel: a ▷ ä, e ▷ i, e ▷ ie, Sonderfälle

Ergänze die Verbformen in den Tabellen.

a ▷	**ä**
blasen	er bläst
tragen	er tr___gt
fahren	er f___hrt
raten	er r___t
schlagen	er schl___gt
backen	er b___ckt
saufen	er s___uft
vergraben	er vergr___bt
fallen	er f___llt
halten	er h___lt
schlafen	er schl___ft
fangen	er f___ngt
wachsen	er w___chst

e ▷	**i**
werfen	er wirft
werben	er w___rbt
vergessen	er verg___sst
flechten	er fl___cht
brechen	er br___cht
verderben	er verd___rbt
fressen	er fr___sst
treffen	er tr___fft
sprechen	er spr___cht
bergen	er b___rgt
essen	er ___sst
anschwellen	er schw___llt an
nehmen	er n___mmt

e ▷	**ie**
lesen	er liest
befehlen	er bef___hlt
sehen	er s___ht
stehlen	er st___hlt
empfehlen	er empf___hlt
geschehen	es gesch___ht

Sonderfälle	
sein	er ist
wollen	er will
wissen	er weiß
stoßen	er stößt
gebären	sie gebiert
mögen	er mag
können	er kann

Präsens: unregelmäßige Verben

Ergänze den Lückentext. Setze die richtige Präsensform der Verben ein.
Achtung: Es gibt auch ein paar regelmäßige Verben im Text.

① Frau Müller ______________ *(fahren)* mit dem Bus zum Supermarkt. ② Fast ______________ *(vergessen)* sie an der richtigen Haltestelle auszusteigen. ③ In der rechten Hand ______________ *(tragen)* sie einen Einkaufskorb, in der linken ______________ *(halten)* sie verkrampft einen Einkaufszettel. ④ Hektisch ______________ *(betreten)* sie den Markt und ______________ (stoßen) mit einem Mann zusammen. ⑤ Zum Glück ______________ *(fallen)* Frau Müller nicht hin und ______________ *(brechen)* sich nichts. ⑥ Als sie ______________ *(sehen)*, dass auch ihrem Gegenüber nichts passiert ist, ______________ *(entschuldigen)* sie sich, und der Mann ______________ *(lachen)* und ______________ *(empfehlen)* ihr, das nächste Mal besser aufzupassen. ⑦ Nun ______________ *(können)* sich Frau Müller endlich auf den Einkauf konzentrieren. ⑧ Sie ______________ *(nehmen)* sich einen Einkaufswagen und ______________ *(beginnen)* zielstrebig mit ihrem Einkauf, da sie genau ______________ *(wissen)*, was sie einkaufen ______________ *(wollen)*. ⑨ Dabei ______________ (passen) sie akribisch auf, dass sie nichts ______________ *(vergessen)*, was auf ihrem Einkaufszettel ______________ *(stehen)*. ⑩ Plötzlich ______________ *(treffen)* sie den Mann von vorhin wieder, als sie gerade eine Flasche Sprudel in ihren Einkaufswagen ______________ *(stellen)*. ⑪ Frau Müller ______________ *(sehen)*, wie der Mann zwei Flaschen Schnaps ______________ *(stehlen)*. ⑫ Das ______________ *(wollen)* sie nicht zulassen, das Herz ______________ *(schlagen)* ihr bis zum Hals, ihre Aufregung ______________ *(wachsen)*. ⑬ Deshalb ______________ *(sprechen)* sie den Mann mutig an, doch er ______________ *(entkommen)* unerkannt. ⑭ Wie ärgerlich, ______________ *(denken)* sie, so etwas erlebt man nicht alle Tage.

Präteritum: unregelmäßige Verben

Merke
Im Präteritum wird eine Handlung beschrieben, die in der Vergangenheit stattgefunden hat und abgeschlossen ist.

Ordne die Präteritumformen aus dem Kasten der passenden Infinitivform in der Tabelle zu. Trage sie in die Tabelle ein.

riet • las • traf • sprang • begann • lud • musste • nahm • sah • fiel • fand • schwieg • ließ • gewann • schrieb • flog • bat • schoss • floh • schlief • ging • fror • griff • half • blieb • lief • ritt • log • hielt • konnte • zog • roch • stieß • kam • briet • befahl • schien • goss • warf

Infinitiv ▷ Präteritum	Infinitiv ▷ Präteritum	Infinitiv ▷ Präteritum
springen ▷ er ________	nehmen ▷ sie ________	fliehen ▷ es ________
lesen ▷ er ________	beginnen ▷ sie ________	laden ▷ es ________
gewinnen ▷ er ________	treffen ▷ sie ________	reiten ▷ es ________
müssen ▷ er ________	sehen ▷ sie ________	können ▷ es ________
lügen ▷ er ________	halten ▷ sie ________	schreiben ▷ es ________
raten ▷ er ________	ziehen ▷ sie ________	finden ▷ es ________
bitten ▷ er ________	helfen ▷ sie ________	lassen ▷ es ________
schießen ▷ er ________	gehen ▷ sie ________	schlafen ▷ es ________
fliegen ▷ er ________	frieren ▷ sie ________	bleiben ▷ es ________
schweigen ▷ er ________	fallen ▷ sie ________	laufen ▷ es ________
stoßen ▷ er ________	braten ▷ sie ________	gießen ▷ es ________
werfen ▷ er ________	greifen ▷ sie ________	scheinen ▷ es ________
kommen ▷ er ________	befehlen ▷ sie ________	riechen ▷ es ________

Präteritum: unregelmäßige Verben

Ordne zu.
Trage den Infinitiv + die Präteritumform in die Tabelle ein.

Beispiel: senden ▷ er/sie/es sandte

vergessen • fahren • verlieren • wissen • essen • heißen • liegen • bieten • beißen • rennen • sehen • denken • wiegen • stehlen • fangen • pfeifen • reißen • treten • fließen • steigen • genießen • trinken • leihen • stehen • dürfen • wachsen • sitzen • erschrecken • gebären • kriechen • schleichen • bringen • rufen • schlagen • singen • waschen • laden • sein • haben • biegen

lud • trank • verlor • floss • durfte • wuchs • saß • pfiff • brachte • lieh • stahl • dachte • wusste • trat • rannte • fing • aß • rief • bot • hatte • schlich • sah • biss • kroch • lag • sang • genoss • fuhr • stand • gebar • vergaß • wusch • war • schlug • hieß • bog • riss • erschrak • stieg • wog

Infinitiv	Präteritum
	er, sie, es ...

Infinitiv	Präteritum
	er, sie, es ...

Präteritum: unregelmäßige Verben

Ergänze den Lückentext. Setze die Verben ins Präteritum.

① Neulich ____________ *(liegen)* Herr Kramer wie gewöhnlich im Bett und ____________ *(schlafen).* ② Draußen ____________ *(sein)* es ganz ruhig. ③ Leise ____________ *(fallen)* etwas Schnee vom Himmel. ④ Herr Kramer ____________ *(haben)* es schön warm unter seiner Bettdecke. ⑤ Doch plötzlich ____________ *(erschrecken)* er durch ein lautes, merkwürdiges Geräusch von draußen. ⑥ Der Schreck ____________ *(sein)* so groß, dass Herr Kramer sofort senkrecht im Bett ____________ *(sitzen).* ⑦ Als er die Augen ____________ *(aufschlagen),* ____________ *(nehmen)* er einen seltsamen Lichtschein wahr. ⑧ Sofort ____________ *(springen)* der verschlafene Mann aus dem Bett, ____________ *(ziehen)* seine Hausschuhe an und ____________ *(rennen)* zum Fenster. ⑨ Dort ____________ *(reißen)* er so schnell er ____________ *(können)* die Vorhänge beiseite. ⑩ „Verdammt, ich muss sofort die Feuerwehr rufen!“, ____________ *(denken)* er , denn aus einem Fenster des Hauses gegenüber ____________ *(sehen)* er lodernde Flammen aufsteigen. ⑪ Sogleich ____________ *(laufen)* er mit eiligen Schritten zum Telefon, ____________ *(reißen)* den Hörer hoch und ____________ *(beginnen)* 112 zu wählen. ⑫ Doch da ____________ *(biegen)* die Feuerwehr schon mit Blaulicht um die Ecke und ____________ *(halten)* vor dem brennenden Haus. ⑬ Da die Feuerwehr zügig mit der Arbeit ____________ *(anfangen),* ____________ *(erlöschen)* das Feuer schnell. ⑭ Es ____________ *(riechen)* nur noch sehr nach Verbranntem. ⑮ Herr Kramer ____________ *(bleiben)* noch eine kurze Zeit am Fenster stehen, da die Neugier ihm keine Ruhe ____________ *(lassen).* ⑯ Da er jedoch bald ____________ *(frieren),* ____________ *(gehen)* er wieder in Richtung Bett und ____________ *(verkriechen)* sich unter seine Bettdecke.

Präsens und Präteritum: unregelmäßige Verben

1. Setze die Verben im Text in die Präsensform.

Beispiel: Er pfeift ein Lied.

① Herr Huber ______________ *(sitzen)* im Garten und ______________ *(halten)* Mittagsschlaf. ② Plötzlich ______________ *(werden)* er durch ein Geräusch geweckt. ③ Er ______________ *(schlagen)* die Augen auf und ______________ *(sehen)* Folgendes: ④ Kuno, der Nachbarskater, ______________ *(springen)* im Garten herum. ⑤ Das Tier ______________ *(schleichen)* zum Gartenteich und ______________ *(verbergen)* sich im Schilf. ⑥ Auf einmal ______________ *(sein)* ein Platschen zu hören, der Kater ______________ *(schlagen)* mit der Pfote ins Wasser und ______________ *(angeln)* einen Fisch. ⑦ Dann ______________ *(rennen)* das diebische Tier hastig mit seiner Beute davon. ⑧ Nun ______________ *(haben)* Herr Huber wieder einen Fisch weniger in seinem Teich und ______________ *(wissen)* endlich, wohin die anderen Fische verschwunden sind, die er ______________ *(vermissen)*.

2. Setze die Verben im Text ins Präteritum.

Beispiel: Er pfiff ein Lied.

Herr Huber berichtet seinem Nachbarn: ① Vorhin ______________ *(sitzen)* ich im Garten und ______________ *(halten)* Mittagsschlaf. ② Plötzlich ______________ *(werden)* ich durch ein Geräusch geweckt. ③ Ich ______________ *(schlagen)* die Augen auf und ______________ *(sehen)* Folgendes: ④ Kuno, dein Kater, ______________ *(springen)* im Garten herum. ⑤ Das Tier ______________ *(schleichen)* zum Gartenteich und ______________ *(verbergen)* sich im Schilf. ⑥ Auf einmal ______________ *(sein)* ein Platschen zu hören, der Kater ______________ *(schlagen)* mit der Pfote ins Wasser und ______________ *(angeln)* einen Fisch. ⑦ Dann ______________ *(rennen)* das diebische Tier hastig mit seiner Beute davon. ⑧ Nun ______________ *(haben)* ich wieder einen Fisch weniger im Teich und ______________ *(wissen)* endlich, wohin die anderen Fische verschwunden sind, die ich ______________ *(vermissen)*.

Perfekt: unregelmäßige Verben

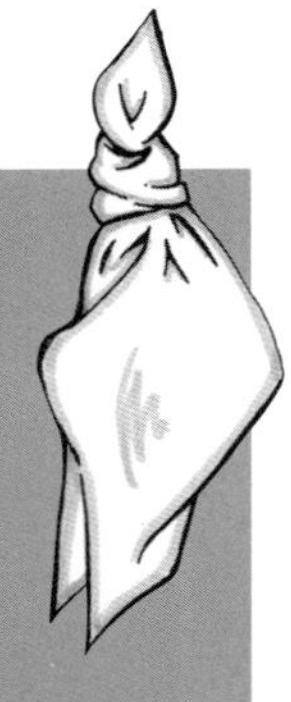

Merke
Das **Perfekt** beschreibt eine Handlung, die in der Vergangenheit abgeschlossen ist, aber bis in die Gegenwart nachwirkt.
Es wird aus zwei Teilen gebildet: einer Verbform von sein oder haben im Präsens **und** dem **Partizip Perfekt** (Partizip II).
***Beispiel:* er ist gelaufen oder er hat getragen**

Ordne zu.

a) Schreibe dazu die Nummer der Infinitivform in das richtige Feld neben der Perfektform.

b) Hast du manche Infinitive falsch zugeordnet? Schreibe sie zum Lernen auf einen Extrazettel.

Infinitiv	Nr.	Perfekt	Infinitiv	Nr.	Perfekt
① sprechen		er hat sich gestritten	㉑ fechten		er hat gezwungen
② helfen		er hat gewusst	㉒ verlieren		er hat geschmissen
③ greifen		er hat gebeten	㉓ treffen		er hat gefochten
④ zerreißen		er ist gerannt	㉔ wiegen		er hat gebissen
⑤ trinken		er hat gesprochen	㉕ zwingen		er hat gestunken
⑥ sich streiten		er hat befohlen	㉖ ziehen		er hat verloren
⑦ bitten		er hat gegriffen	㉗ finden		er hat gefunden
⑧ sich wenden an		er hat genommen	㉘ stehlen		er hat getroffen
⑨ schreien		er hat getrunken	㉙ beißen		er ist gestorben
⑩ nehmen		er hat geholfen	㉚ schmeißen		er hat gewogen
⑪ wissen		er hat sich gewandt an	㉛ springen		er hat geschlossen
⑫ werfen		er ist gewesen	㉜ stinken		er hat gezogen
⑬ rennen		er hat geschrien	㉝ stehen		er hat gestohlen
⑭ gehen		er hat zerbrochen	㉞ streichen		er hat gewonnen
⑮ sein		er hat gedacht	㉟ sterben		er hat gestanden
⑯ befehlen		er hat zerrissen	㊱ gewinnen		er hat geflohen
⑰ zerbrechen		sie hat geboren	㊲ schreiben		er hat gestrichen
⑱ anbieten		er hat geworfen	㊳ schließen		er hat gefroren
⑲ denken		er ist gegangen	㊴ fliehen		er ist gesprungen
⑳ gebären		er hat angeboten	㊵ frieren		er hat geschrieben

Plusquamperfekt: unregelmäßige Verben

Merke
Das Plusquamperfekt beschreibt eine Handlung, die in der Vorvergangenheit stattgefunden hat. Es wird aus zwei Teilen gebildet: einer Verbform von *haben* oder *sein* im Präteritum und dem Partizip Perfekt (Partizip II).
***Beispiel:** er hatte geweint oder er war gekommen*

Ordne zu.

a) Schreibe dazu die Nummer der Infinitivform in das richtige Feld neben der Plusquamperfektform.

b) Hast du manche Infinitive falsch zugeordnet? Schreibe sie zum Lernen auf einen Extrazettel.

Infinitiv	Nr.	Perfekt
① beginnen		er war angeschwollen
② wissen		er hatte gesandt
③ steigen		er hatte gelegen
④ anschwellen		er hatte begonnen
⑤ genießen		er hatte geschwiegen
⑥ sinken		er hatte gewusst
⑦ senden		er hatte geliehen
⑧ liegen		er war gestiegen
⑨ schweigen		er hatte geborgen
⑩ leihen		er hatte genossen
⑪ fliegen		er war geblieben
⑫ bergen		er war gesunken
⑬ kennen		er hatte gesessen
⑭ helfen		er war abgebogen
⑮ schleichen		er war geflogen
⑯ sitzen		er hatte gebracht
⑰ bleiben		er war geschlichen
⑱ bringen		er hatte gekannt
⑲ können		er hatte geholfen
⑳ abbiegen		er hatte gekonnt

Infinitiv	Nr.	Perfekt
㉑ schwimmen		er war gelungen
㉒ singen		er hatte gemocht
㉓ riechen		er war geschwommen
㉔ wiegen		er hatte gelitten
㉕ gelingen		er hatte geschienen
㉖ mögen		er hatte gesungen
㉗ leiden		er war geschieden
㉘ schwören		er hatte gehangen
㉙ schießen		er hatte empfohlen
㉚ scheiden		er hatte gerochen
㉛ empfehlen		er war geflossen
㉜ scheinen		er hatte geschworen
㉝ fließen		er war gekrochen
㉞ kriechen		er hatte gewogen
㉟ schneiden		er war eingeschritten
㊱ reiten		er hatte genannt
㊲ einschreiten		er hatte geschossen
㊳ springen		er war geritten
㊴ hängen		er hatte geschnitten
㊵ nennen		er war gesprungen

Perfekt und Plusquamperfekt: unregelmäßige Verben

Perfekt (= PE) oder Plusquamperfekt (= PL)?
Ergänze den Lückentext. Achte auf die Hinweise.

a) „Sara _____ durch den Wald _______________ *(gehen /PE)"*, erklärte Thomas.

b) Nachdem er _______________ __________ *(gewinnen /PL)*, gab er eine Runde Bier aus.

c) Bevor er von einem Ladendetektiv erwischt wurde, _________ der Junge noch schnell eine CD _______________ *(stehlen /PL)*.

d) Nachdem er seiner Mutter _______________ __________ *(helfen /PL)*, fuhr er wieder nach Hause.

e) „Onkel Furkan ______ mit dem Flugzeug hierher _______________ *(fliegen /PE)"*, sagte Tante Selma.

f) Er ________ ihr eine SMS _______________ *(senden /PL)*, bevor er sie angerufen hat.

g) „Jan ______ das Wohnzimmer so schön _______________ *(streichen /PE)"*, verkündete Birte stolz.

h) Nachdem Oma _______________ __________ *(sterben /PL)*, wurde sie schnell beerdigt.

i) Es _________ _______________ *(stinken /PL)*, bevor sie das Fenster öffneten.

j) Nachdem sie den Rollladen _______________ __________ *(schließen /PL)*, löschte sie das Licht.

k) Sie _________ neulich schon sehr _______________ *(frieren /PL)*.

l) „Linda ________ vorher zu leise _______________ *(sprechen /PE)"*, bemerkte Katrin.

Das Passiv unregelmäßiger Verben im Präsens

Merke
Wenn etwas mit jemandem oder einer Sache passiert, benutzt man das Passiv. Das Präsens Passiv wird aus zwei Teilen gebildet: einer Verbform von *werden* im Präsens und dem Partizip Perfekt (Partizip II).

Beispiel: Es wird gehoben.

1. Bilde Sätze mit dem Passiv.

a) *(durchschneiden : n e t t i n h c s e g h c r u d)* Das Brot wird ______________________

____ .

b) *(schießen : n e s s o h c s e g)* Der Ball wird ins Tor ______________________ .

c) *(aufnehmen : n e m m o n e g f u a)* Sie wird in den Verein ______________________ .

d) *(mögen : t h c o m e g)* Das Kind wird von seiner Mutter ______________________ .

e) *(schmeißen : n e s s i m h c s e g)* Der Abfall wird in den Müllcontainer

______________________ .

f) *(schließen : n e s s o l h c s e g)* Die Fenster werden ______________________ .

g) *(wiegen : n e g o w e g)* Sie wird ______________________ .

h) *(hochheben : n e b o h e g h c o h)* Das Kind wird von seinem Vater

______________________ .

i) *(gießen : n e s s o g e g)* Die Blumen werden ______________________ .

2. Bilde aus den Wörtern zwei Sätze im Passiv Präsens.

fliegen ◆ von Tim ◆ das Flugzeug ◆ die Wand ◆ streichen ◆ rot

____

____

____

Das Passiv unregelmäßiger Verben im Präteritum

Merke
Das Präteritum Passiv wird aus zwei Teilen gebildet: einer Verbform von werden im Präteritum und dem Partizip Perfekt (Partizip II).

Beispiel: Es wurde gemalt.

1. Finde die richtige Partizip-Perfekt-Form heraus und schreibe sie in die Lücken.

Tipp: Du erkennst sie, wenn du die Silben neben den Verben in die richtige Reihenfolge bringst.

a) *(fliegen : gen – flo – ge)* Sie wurde mit einem Hubschrauber ins Krankenhaus ____________________ .

b) *(trinken: ken – ge – trun)* Die Flasche wurde leer ____________________ .

c) *(gebären: ren – ge – bo)* Sie wurde am 8.10.1980 ____________________ .

d) *(schieben: scho – ge – ben)* Die Möbel wurden beiseite ____________________ .

e) *(scheiden: den – schie – ge)* Sie wurden letztes Jahr ____________________ .

f) *(stechen: en – ge – stoch)* Sie wurde von einer Wespe ____________________ .

g) *(zusenden: sandt – ge – zu)* Die Bücher wurden mir ____________________ .

h) *(schreiben: ben – schrie – ge)* Diese Notiz wurde von Mama ____________________ .

i) *(bergen: bor – gen – ge)* Der Verletzte wurde von Sanitätern ____________________ .

2. Was stellt das Bild dar? Wähle Passiv Präteritum.

____

____

____

____

____

Das Passiv unregelmäßiger Verben im Perfekt

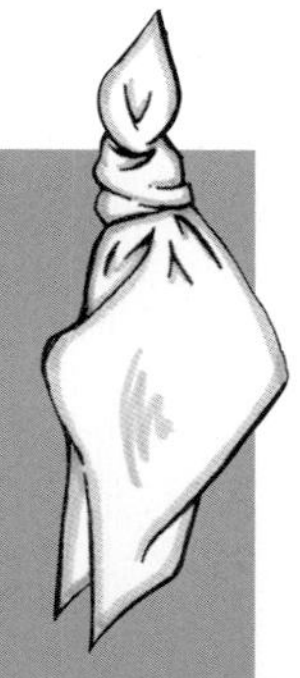

Merke
Das Perfekt Passiv wird aus drei Teilen gebildet: mit einer Verbform von <u>sein</u> im Präsens, dem Partizip Perfekt (Partizip II) und <u>worden</u>.

Beispiel:* *Er <u>ist</u> gebracht <u>worden</u>.

1. Finde die Partizip-Perfekt-Form des in Klammern stehenden Verbs heraus. Schreibe sie in die Lücken.
Tipp:* *Du erkennst sie, wenn du die Buchstaben neben dem Verb in die richtige Reihenfolge bringst.

Beispiel:* *Ihre Haare sind von Mama zusammengebunden worden. (zusammenbinden : d e n z u m e n b u n g e s a m)

a) Die beiden sind von Esra ____________________ *(finden : f e n d n u g e)* worden.

b) Die Wand ist von Daniel ____________________ *(anstreichen : s i c h t a n g r e n e)* worden.

c) Sie ist dazu ____________________ *(zwingen : z e n g u n g e w)* worden.

d) Das ist von Julia dahin ____________________ *(werfen : f r o g e w e n)* worden.

2. Ergänze das Perfekt Passiv.

a) Es ____________________ mir von Kemal ____________________ *(leihen : h e g e i l e n)* ____________________ .

b) Die beiden Kinder ____________________ von ihrer Mutter ____________________ *(verlieren : v o l n e r e r)* ____________________ .

c) Lauras Uhr ____________________ *(stehlen : l o g e s t e n h)* ______________________________________ .

d) Sie ____________________ von einem Hund ____________________ *(beißen : b e s s g i n e)* ____________________ .

Das Passiv unregelmäßiger Verben im Plusquamperfekt

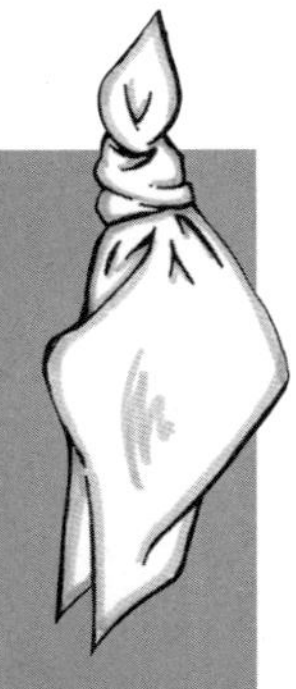

Merke
Das Plusquamperfekt Passiv wird aus drei Teilen gebildet: mit einer Verbform von *sein* im Präteritum, dem Partizip Perfekt (Partizip II) und *worden*.

Beispiel:* *Er war geflogen worden.

1. Finde die Partizip-Perfekt-Form des in Klammern stehenden Verbs heraus und schreibe sie auf.

Tipp:* *Du erkennst sie, wenn du die neben dem Verb stehenden Buchstaben in die richtige Reihenfolge bringst.

a) Der Zahn daneben war ihm neulich ______________ *(ziehen : n e g o g z e)* worden.

b) Das Pferd war von ihr schon einmal ______________ *(reiten : t r i t n e g e)* worden.

c) Er war früher so ______________ *(nennen : n a g t e n n)* worden.

d) Das Bild war von Susanne ______________ *(aufhängen : f ä g e n a u h t g)* worden.

2. Ergänze das Plusquamperfekt Passiv.

a) Sie ______________ von ihm ______________

(anlügen : e n g e g a l n o) ______________ .

b) Es ______________ auseinander- ______________

(brechen: n e c h g e b r o) ______________ .

c) Die Kinder ______________ von Jörg ______________

(bringen : c h e g b r a t) ______________ .

d) Dieses Mittel ______________ ihm von der Verkäuferin

______________ *(empfehlen : l o f e n e p m h)* ______________ .

e) Sie ______________ darum ______________

(bitten : t e b e g e n) ______________ .

Die indirekte Rede – dritte Person Singular Präsens

Merke
Für die indirekte Rede in der dritten Person Singular Präsens musst du die Form des Konjunktivs I verwenden. Diese bildest du, indem du an den Wortstamm eines Verbs im Infinitiv ein -e anhängst. Nur das Verb „sein“ hat die Sonderform „sei“.

Beispiele:* *liegen ▷ Wortstamm lieg ▷ er/sie/es liege
kommen ▷ Wortstamm komm ▷ er/sie/es komme

Ergänze die Sätze. Wende die Regel an.
Achtung: Ein Wort ist dabei, das herausfällt.

Der Verkäufer erzählt:

a) Dieser Fernseher ____________________ *(sein)* besonders preisgünstig.

b) Er ____________________ *(verfügen)* über eine hohe Bildqualität.

c) Denn der breite Bildschirm ____________________ *(sorgen)* auch für ein Bild, das von Weitem gut zu sehen ____________________ *(sein).*

d) Um die Nachbarn nicht durch laute Musik zu stören, ____________________ *(können)* man einen kabellosen Kopfhörer anschließen.

e) Außerdem ____________________ *(bieten)* die Fernbedienung mit großen Tasten einen hohen Bedienungskomfort.

f) Darüber hinaus ____________________ *(benötigen)* der Flachbildschirm wenig Platz.

g) Und schließlich ____________________ *(verbrauchen)* der Fernseher im Stand-by-Modus wenig Energie.

Die indirekte Rede – Zuordnung regelmäßiger und unregelmäßiger Verben

Merke

Für die indirekte Rede in der dritten Person Singular musst du regelmäßige und unregelmäßige Verben unterscheiden.
Bei unregelmäßigen Verben wechselt der Vokal bei den Stammformen.

Beispiel:* *liegen* ◆ *liegt* ◆ *lag* ◆ *gelegen

Bei den regelmäßigen Verben dagegen bleibt der Vokal bei den Stammformen gleich:

Beispiel:* *lachen* ◆ *lacht* ◆ *lachte* ◆ *gelacht

Ordne die Präteritumformen aus dem Kasten den Infinitiven in der Tabelle zu.

a) Prüfe, ob der Vokal wechselt und es sich um ein unregelmäßiges Verb handelt.

b) Kreuze in der entsprechenden Spalte an, ob das Verb regelmäßig oder unregelmäßig ist.

lief ◆ stand ◆ schrie ◆ war ◆ stolperte ◆ sprang ◆ flüsterte ◆ fragte ◆ schlenderte ◆ sprach ◆ bellte

Infinitiv	Präteritum	regelmäßig	unregelmäßig
flüstern			
schreien			
springen			
fragen			
sprechen			
laufen			
sein			
stehen			
stolpern			
bellen			
schlendern			

Die indirekte Rede – dritte Person Plural Präsens bei regelmäßigen Verben

Merke

Für die indirekte Rede in der dritten Person Plural Präsens bei regelmäßigen Verben musst du die Ersatzform mit *würde* und den Infinitiv verwenden. Die Formen des Konjunktivs und des Indikativs lassen sich nämlich nicht voneinander unterscheiden.

Missverständlich:* *sie spielen (Präsens Indikativ)* ▷ *sie spielen (Konjunktiv I)

Eindeutiges Beispiel:* *sie würden spielen* ▷ *Umschreibung mit würde + Infinitiv

Bilde die indirekte Rede mit würde + Infinitiv.

a) Oma meinte, die Äpfel ______________ *(schmecken)* besonders gut ______________ .

b) Frau Meier ließ verlauten, ihre Schüler ______________ *(basteln)* gerne ______________ .

c) Inge sagte, die Bäume draußen ______________ ______________ *(rascheln).*

d) Mehmet antwortete, er und seine Brüder ______________ *(besuchen)* gerne einen Freizeitpark ______________ .

e) Professor Huber führte aus, junge Frauen ______________ *(wohnen)* zunehmend lieber in der Stadt ______________ .

f) Janik entgegnete der Mutter, die Schuhe ______________ *(passen)* ihm nicht ______________ .

g) Die Mutter beschwerte sich, ihre Kinder ______________ *(aufräumen)* nicht ______________ .

h) Herr Jung erzählte, seine Schulden ______________ *(belasten)* ihn sehr ______________ .

Die indirekte Rede – dritte Person Plural Präsens bei unregelmäßigen Verben

Merke
Für die indirekte Rede in der dritten Person Plural Präsens bei unregelmäßigen Verben musst du die Konjunktiv-II-Form verwenden. Denn die Konjunktiv-I-Form ist vom Indikativ nicht zu unterscheiden. Du erhältst die Konjunktiv-II-Form in zwei Schritten:

1. **Du bildest die Präteritumform.**
   Beispiel: liegen ▷ sie lagen
2. **Du verwandelst den Vokal in einen Umlaut (ö, ä, ü).**
   Beispiel: sie lagen ▷ sie lägen

Suche zu den Verben in der Tabelle zuerst die Präteritumform aus Kasten 1 heraus, dann die Konjunktiv-II-Form aus Kasten 2. Trage sie in die Tabelle ein.

①
sprangen ◆ brachten ◆ dachten ◆ gaben ◆ fanden ◆ sprachen
verloren ◆ saßen ◆ wussten ◆ boten ◆ flossen

②
fänden ◆ dächten ◆ flössen ◆ säßen ◆ sprängen ◆ sprächen
verlören ◆ brächten ◆ böten ◆ wüssten ◆ gäben

Infinitiv	Präteritum	Konjunktiv II
liegen	*sie lagen*	*sie lägen*
sitzen		
bieten		
sprechen		
bringen		
wissen		
fließen		
finden		
verlieren		
denken		
springen		
geben		

Die indirekte Rede – dritte Person Plural Präsens bei unregelmäßigen Verben

Merke

Mit dem Konjunktiv II kannst du eine Wunschvorstellung ausdrücken. Gleichzeitig benutzt du diese Form aber auch für die indirekte Rede, weil sich in der dritten Person Plural Präsens bei unregelmäßigen Verben die Konjunktiv-I-Form nicht vom Indikativ unterscheiden lässt.

Die Konjunktiv-II-Form erhältst du, indem du zunächst die Präteritumform bildest. Dann verwandelst du den Vokal in einen Umlaut: ä, ö oder ü.

Bei den unregelmäßigen Verben, die ein „-ie" im Infinitiv haben und das Präteritum mit „o" bilden, wird dabei aus dem „o" ein „ö".

***Beispiel:* frieren ▷ sie froren ▷ sie frören**

Ergänze die Konjunktiv-II-Formen.

Professor Meyer stellte bei seinem Vortrag folgende Behauptungen auf:

a) Supermärkte _______________ *(bieten)* oft Waren über das Verfallsdatum hinaus an, wobei bestimmte Filialen den Vogel _______________ *(abschießen).*

b) Obst und Gemüse _______________ *(riechen)* oft verfault.

c) Trotzdem _______________ *(fliegen)* das Obst und Gemüse nicht gleich in den Müll, obwohl Kunden frische Waren _______________ *(vorziehen).*

d) Denn die Kunden _______________ *(genießen)* lieber gut riechende Ware und _______________ *(wiegen)* sorgfältig ab, was sie kaufen würden.

e) Dabei _______________ *(schließen)* sie verdorbene Waren aus und _______________ *(verlieren)* das Interesse, in dem Geschäft nochmals einzukaufen.

f) Folglich _______________ *(biegen)* sie bei einem anderen Supermarkt ab und die Gelder _______________ *(fließen)* in andere Supermarktkassen.

Die indirekte Rede – dritte Person Plural Präsens bei unregelmäßigen Verben

Merke

Mit dem Konjunktiv II kannst du eine Wunschvorstellung ausdrücken. Gleichzeitig benutzt du diese Form aber auch für die indirekte Rede, weil sich in der dritten Person Plural Präsens bei unregelmäßigen Verben die Konjunktiv-I-Form nicht vom Indikativ unterscheiden lässt. Die Konjunktiv-II-Form erhältst du, indem du zunächst die Präteritumform bildest. Dann verwandelst du den Vokal in einen Umlaut: ä, ö oder ü. Bei den unregelmäßigen Verben, die ein „-i" oder „-e" im Infinitiv haben und das Präteritum mit „a" bilden, wird dabei aus dem „a" ein „ä".

Beispiel: ***singen ▷ sie sangen (Präteritum) ▷ sie sängen (Konjunktiv II)***
sprechen ▷ sie sprachen (Präteritum) ▷ sie sprächen (Konjunktiv II)

Ergänze wie im Beispiel die Konjunktiv-II-Formen.

a) Mutter sagte, die Kinder ____________________ *(binden)* sich noch die Schuhe zu, bevor sie nach draußen ____________________ *(springen).*

b) Die Künstler verkündeten, sie ____________________ *(bitten)* um Ruhe, denn sie ____________________ *(beginnen)* gleich mit der Vorstellung.

c) Sie lobte, die Pfannkuchen ____________________ *(gelingen)* ihm immer besser.

d) Er meinte, die Künstler ____________________ *(singen)* gut und ihre Instrumente ____________________ *(klingen)* prima.

e) Sie meinten, sie ____________________ *(finden)* es klasse, dass wir hier ____________________ *(sitzen)* und Saft ____________________ *(trinken).*

f) Lida und Esther versprachen, sie ____________________ *(bringen)* Sprudel mit.

g) Er stellte fest, dass die ersten Versuche oft ____________________ *(misslingen).*

h) Die Jungen antworteten, sie ____________________ *(treffen)* ihn an der Sporthalle und ____________________ *(nehmen)* ihm die Turnschuhe mit.

i) Sie versprachen, sie ____________________ *(denken)* daran und ____________________ *(vergessen)* es nicht.

Die indirekte Rede – dritte Person Plural Präsens bei unregelmäßigen Verben

Merke
Für die indirekte Rede in der dritten Person Plural Präsens bei unregelmäßigen Verben musst du die Konjunktiv-II-Form verwenden. Die Konjunktiv-I-Form lässt sich nämlich nicht vom Indikativ unterscheiden.
Beim Konjunktiv II gibt es einige Formen, die unregelmäßig gebildet werden.

Beispiel:* *schlagen* ▷ *sie schlugen* ▷ *sie schlügen

Diese Formen musst du dir gut merken. Du findest weitere unregelmäßige Formen in dem Kasten.

Ergänze die Sätze mit den passenden Konjunktivformen.

wären ◆ wüssten ◆ hätten ◆ dürften ◆ führen ◆ lägen ◆ könnten ◆ kämen ◆ würden ◆ täten ◆ wüchsen ◆ müssten

a) Er versprach, sie ____________________ *(werden)* am folgenden Tag kommen und ____________________ (fahren) dann abends weiter.

b) Die Gärtner meinten, sie ____________________ *(wissen)* auch nicht, warum die Bäume so stark ____________________ *(wachsen).*

c) Udo sagte, sie ____________________ *(müssen)* erst alle Arbeitsvorgänge beenden, bevor sie nach Hause gehen ____________________ *(dürfen).*

d) Die beiden ließen verlauten, sie ____________________ *(kommen)* erst später, wenn sie fertig ____________________ *(sein).* Sie ____________________ *(tun)* jedoch alles, damit sie bald losfahren ____________________ *(können).*

e) Die beiden sagten, sie ____________________ *(haben)* nur die Glühbirnen, die im Regal ____________________ *(liegen).*

Die indirekte Rede

Ergänze den Lückentext. Verwende dabei folgende Konjunktivformen:
a) normal gedruckte Verben: Konjunktiv I
b) kursiv gedruckte Verben: Konjunktiv II
c) fett gedruckte Verben: Ersatzform mit „würde"

① Professor Grabbert führte in seinem Vortrag aus, die Zahl hochverschuldeter Menschen in der Bundesrepublik ____________________ (nehmen) immer mehr zu. ② Viele Leute ____________________ *(geben)* ihr Geld ohne nachzudenken aus. ③ Sie ____________________ oft Dinge ____________________ **(kaufen)**, die sie gar nicht ____________________ *(brauchen).* ④ Dabei ____________________ *(denken)* die Leute gar nicht an die Rückzahlungspflicht für Schulden. ⑤ Es ____________________ (kommen) ihnen gar nicht in den Sinn, dass die Schulden so weiter ____________________ ____________________ **(ansteigen)**. ⑥ Erst am Ende ____________________ sich die Leute über den hohen Schuldenberg schockiert ____________________ **(zeigen)**. ⑦ Doch dann ____________________ (sein) es meistens zu spät. ⑧ Viele Menschen ____________________ *(müssen)* dann jahre-, wenn nicht lebenslang, mit ihrem Schuldenberg leben. ⑨ Als Ausweg ____________________ *(können)* sie höchstens eine Schuldnerberatung aufsuchen, wo speziell geschulte Berater sich darum ____________________ ____________________ **(bemühen)**, ihnen weiterzuhelfen. ⑩ Auf diese Weise ____________________ *(haben)* es manche Schuldner schon geschafft, ihre Schulden loszuwerden. ⑪ Für die Betroffenen ____________________ sich der Gang dorthin auf jeden Fall ____________________ **(lohnen)**.

Birgit Lascho: Training Wortschatz – Grammatik – Aufsatz

Die indirekte Rede

1. Ergänze den Lückentext. Entscheide, ob du den Konjunktiv I oder Konjunktiv II verwenden musst.

① Jonas teilt Emre mit, er ______________________ *(haben)* ein neues Computerspiel und ____________________ *(wollen)* ihn deshalb am Nachmittag einladen. ② Das Spiel __________________ *(sein)* ganz toll. ③ Zwei verfeindete Bewohnergruppen einer Stadt ___________________ *(beginnen)* darin sofort nach einer kurzen Einführungsgeschichte gegeneinander zu kämpfen. ④ Es __________________ *(gehen)* dann richtig heftig zur Sache, denn beide Gruppen ___________________ *(haben)* nichts anderes als den Sieg im Kopf. ⑤ Es _______________ *(werden)* mit allen möglichen Waffen gekämpft, deshalb _________________ *(müssen)* er und Emre das Spiel unbedingt heute Nachmittag spielen.

2. Ergänze den Lückentext. Verwende dazu den Konjunktiv II. Die Ersatzform mit „würde“ benutze nur, wo es notwendig ist. Streiche überzählige Lücken.

① Professor Meyer führte in seinem Vortrag aus, immer mehr Jugendliche _______________ leichtsinnig Kredite auf _______________ *(nehmen)*. ② Viele von ihnen _______________ ihr Geld vor allem für Handys aus __________________ *(geben)*.

③ Sie ___________________ oft Handys mit Funktionen ___________________ *(kaufen)*,

④ die sie gar nicht ___________________ *(brauchen)*. ⑤ Dabei ____________________ die Jugendlichen nicht an die Folgekosten ___________________ *(denken)*.

⑥ Viele ___________________ gar nicht auf die Idee ___________________ *(kommen)*,

⑦ dass ihre Schulden so weiter ____________________ *(ansteigen)* _______________.

⑧ Erst am Ende ___________________ sich die Jugendlichen über ihren hohen Schuldenberg schockiert ___________________ *(zeigen)*.

Die indirekte Rede

Ergänze den Lückentext.

a) Verwende dabei die Formen des Konjunktivs I oder II und die Ersatzform mit „würde“, wo es notwendig ist.

b) Streiche überzählige Lücken.

① Professor Huber führte in seinem Vortrag aus, Jugendliche ______________ *(hören)* gerne laute Musik ______________ . ② Dieses Hobby ______________ *(sein)* jedoch nicht ungefährlich ______________ , denn es ______________ *(schaden)* dem Gehör ______________ . ③ Schon wenige Stunden überlaute Musik ______________ *(können)* dem Gehör dauerhafte Schäden zufügen ______________ . ④ Dies ______________ *(bedenken)* Jugendliche oft nicht ______________ . ⑤ Stattdessen ______________ *(konsumieren)* sie bedenkenlos stundenlang überlaute Musik ______________ . ⑥ Dabei ______________ *(nehmen)* sie Taubheitsgefühle in den Ohren als Warnsignale nicht ernst ______________ . ⑦ Das Hören von lauter Musik mit Kopfhörer ______________ *(schädigen)* das Gehör jedoch genauso ______________ wie laute Discomusik. ⑧ Deshalb ______________ *(plädieren)* er als Wissenschaftler dafür ______________ , Jugendliche in Informationsveranstaltungen über die Gefahren dieses Hobbys aufzuklären, damit sie um dessen Risiken ______________ *(wissen)* ______________ und alles ______________ *(tun)* ______________ , um ihr Gehör zu schonen. ⑨ Anders ______________ *(stehen)* die Chancen schlecht ______________ , eine zukünftige Generation mit Hörgeräten zu verhindern. ⑩ Deshalb ______________ *(müssen)* jetzt alle Anstrengungen unternommen werden ______________ , um das zu vermeiden, damit die Kosten für die medizinische Versorgung nicht ins Unendliche ______________ *(wachsen)* ______________ und die zukünftige Menschheit um ihre Ersparnisse ______________ *(bringen)* ______________ .

Birgit Lascho: Training Wortschatz – Grammatik – Aufsatz

Die indirekte Rede – zeitliche Abfolge

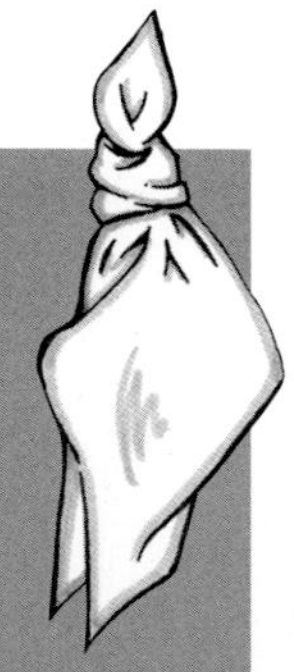

Merke
Wenn zeitlich etwas nacheinander passiert und das in der Vergangenheit liegt, dann verwendest du den Konjunktiv Perfekt. Du bildest ihn für die dritte Person Singular mit der Konjunktiv-I-Form von *haben* oder *sein* und dem Partizip Perfekt (Partizip II).

***Beispiel:** er/sie/es sei gerannt*
er/sie/es habe gerufen

Für die dritte Person Plural dagegen musst du bei Formen mit *sein* ebenfalls die Konjunktiv-I-Form von *sein* und das Partizip Perfekt verwenden.

***Beispiel:** sie seien gerannt*

Bei Formen mit *haben* bildest du die Konjunktiv-II-Form von *haben* und das Partizip Perfekt.

***Beispiel:** sie hätten gerufen*

Wandle in die indirekte Rede um.

a) Er sagte: „Bevor wir losgefahren sind, haben wir getankt.“

Er sagte, bevor sie ______________________________ sie ____________ .

b) Peter berichtete: „Ich habe extra aufgeräumt, bevor Oma gekommen ist.“

Peter berichtete, er ____ .

c) Susi verkündete: „Ich habe mir ein neues Fahrrad gekauft und bin erstaunt über den niedrigen Preis gewesen.“

Susi verkündete, sie __________ sich ________________________________

____ .

d) Die beiden sagten: „Wir sind enttäuscht, dass das Fußballspiel so ausgefallen ist, da wir uns sehr darauf gefreut hatten.“

Die beiden sagten, sie ____ ,

da sie sich sehr ____ .

Wie gut bist du in Grammatik?

1. Ergänze bei den folgenden Wörtern den bestimmten Artikel *(der, die, das)*.

_______ Postbote, _______ Haarspange, _______ Handtuch, _______ Federmäppchen,

_______ Kaffeekanne, _______ Wäscheständer, _______ Zugtür, _______ Rotstift,

_______ Versteckspiel, _______ Handfeger, _______ Blockflöte, _____ Kinderbuch

☐ **von 12 Punkten**

2. Ergänze den fehlenden Artikel und das in Klammern stehende Adjektiv im Singular in der grammatisch passenden Form.

a) Das Kleid ______ ______________ *(jung)* Dame ist rot.

b) Er gibt ______ ______________ *(klein)* Mädchen Geld.

c) Sie sieht nach ______ ______________ *(alt)* Frau.

d) Die Hände ______ ______________ *(wütend)* Mannes ballen sich zu Fäusten.

e) Er entdeckt ______ ______________ *(schön)* Haus.

f) Sie schreibt ______ ______________ *(einsam)* Mann einen Brief.

g) ______ ______________ *(hungrig)* Tier stürzt sich auf das Futter.

h) Er verguckt sich in ______ ______________ *(hübsch)* Frau.

☐ **von 8 Punkten**

3. Ergänze die Possessivpronomen und Adjektive in der grammatisch passenden Form.

a) ________ ________________ *(mein/neu)* Freund kommt nachher.

b) Der Schuh ________________________ *(dein/klein)* Kindes ist offen.

c) Ich gebe __________ ____________ *(ihr/hungrig)* Vogel Futter.

d) Ich nehme ______ ___________ *(dein/blau)* Hemd.

e) Ich suche _______ ___________ *(mein/getönt)* Brille.

f) ___________ ___________ *(unser/neu)* Katze ist schon groß.

g) Die Klingel ___________ ____________ *(dein/alt)* Fahrrades ist defekt.

h) Ich habe den Brief bei ___________ _________________ *(sein/freundlich)* Untermieterin abgegeben.

☐ **von 8 Punkten**

4. Ergänze das Demonstrativpronomen *dieser, diese, dieses* und das in Klammern stehende Adjektiv im Singular in der grammatisch passenden Form.

a) Der Hut _____________ ____________________ *(elegant)* Herrn sieht teuer aus.

b) Mit _____________ ____________________ *(neugierig)* Frau rede ich nicht.

c) Ich hoffe, der Laden hat _____________ ____________________ *(speziell)* Ersatzteil.

d) _____________ ____________________ *(alt)* Mann würde ich gerne helfen.

e) Das Kleid _____________ ____________________ *(jung)* Dame ist schwarz.

f) Die Unruhe _____________ ____________________ *(klein)* Kindes ist kaum auszuhalten.

g) _____________ ____________________ *(witzig)* Schauspieler finde ich besonders unterhaltsam.

h) Ich habe mir _____________ ____________________ *(hell)* Hose gekauft.

☐ **von 8 Punkten**

5. Wie lautet die richtige Form in der dritten Person Singular Präsens?

① geben ▷ er/sie/es ______________ ② sein ▷ er/sie/es ______________

③ fressen ▷ er/sie/es ______________ ④ empfehlen ▷ er/sie/es ______________

⑤ befehlen ▷ er/sie/es ______________ ⑥ schlafen ▷ er/sie/es ______________

⑦ schlagen ▷ er/sie/es ______________ ⑧ wissen ▷ er/sie/es ______________

⑨ fallen ▷ er/sie/es ______________ ⑩ dürfen ▷ er/sie/es ______________

⑪ können ▷ er/sie/es ______________ ⑫ laufen ▷ er/sie/es ______________

☐ **von 12 Punkten**

6. Bilde die dritte Person Singular Präteritum zu den folgenden Verben.

① rennen ▷ er/sie/es ______________ ② braten ▷ er/sie/es ______________

③ laufen ▷ er/sie/es ______________ ④ biegen ▷ er/sie/es ______________

⑤ binden ▷ er/sie/es ______________ ⑥ rufen ▷ er/sie/es ______________

⑦ geben ▷ er/sie/es ______________ ⑧ schließen ▷ er/sie/es ______________

⑨ graben ▷ er/sie/es ______________ ⑩ bleiben ▷ er/sie/es ______________

⑪ verlassen ▷ er/sie/es ______________ ⑫ lügen ▷ er/sie/es ______________

☐ **von 12 Punkten**

7. **Ergänze bei den folgenden Perfekt- und Plusquamperfektformen das Partizip II des in Klammern stehenden Verbs.**

① er ist ____________________ *(rennen)* ② sie hat ____________________ *(stinken)*

③ es hatte ____________________ *(lügen)* ④ er hatte ____________________ *(zerbrechen)*

⑤ sie hatte ____________________ *(finden)* ⑥ es hat ____________________ *(nehmen)*

⑦ er ist ____________________ *(abbiegen)* ⑧ er war ____________________ *(bleiben)*

⑨ sie ist ____________________ *(schwimmen)* ⑩ es hat ____________________ *(zerreißen)*

⑪ es hat ____________________ *(liegen)* ⑫ sie hat ____________________ *(beginnen)*

☐ **von 12 Punkten**

8. **Ergänze bei den verschiedenen Passivformen die fehlenden Partizip-II-Formen**

a) Das Lied wird ____________________ *(singen).*

b) Er wurde von seiner Mutter ins Bett ____________________ *(bringen).*

c) Die Bäume sind gestern ____________________ *(gießen)* worden.

d) Es war ihm ____________________ *(befehlen)* worden.

e) Ihm wurde am Bahnsteig ____________________ *(winken).*

f) Das Schwimmbad war ____________________ *(schließen).*

g) Es war ihm ____________________ *(versprechen)* worden.

h) Der Karton wird beiseite- ____________________ *(schieben).*

☐ **von 8 Punkten**

9. Ergänze die fehlenden Konjunktiv-I-Formen/indirekte Rede der in Klammern stehenden Verben in der dritten Person Singular.

a) Die Frau ____________________ *(arbeiten)* schon lange.

b) Sie ____________________ *(sein)* sehr fleißig.

c) Sie ____________________ *(bemühen)* sich sehr.

d) Sie ____________________ *(hoffen)* darauf, bald eine feste Stelle zu bekommen.

e) Denn sie ____________________ *(brauchen)* das Geld.

f) Schließlich ____________________ *(haben)* sie ein Kind.

g) Deshalb ____________________ *(wollen)* sie in der Nähe arbeiten.

h) So ____________________ *(können)* sie sich besser um ihr Kind kümmern.

☐ **von 8 Punkten**

10. Ergänze die fehlenden Konjunktiv-II-Formen der in Klammern stehenden Verben in der dritten Person Plural.

a) Meyers ____________________ *(ziehen)* bald um.

b) Esra und Emre ____________________ *(besitzen)* ein Haus in der Türkei.

c) Manche Leute ____________________ *(verstehen)* das nicht.

d) Die beiden ____________________ *(finden)* das Haus nicht.

e) Ali und Ersan ____________________ *(kommen)* um 17.00 Uhr.

f) Einige Leute ____________________ *(verlieren)* oft ihre Geldbörse.

g) Sie ____________________ *(sehen)* den Wald vor lauter Bäumen nicht.

h) Mama und Papa ____________________ *(können)* Obst mitbringen.

☐ **von 8 Punkten**

Was hast du dazugelernt – was musst du noch weiter üben?

Den Abschlusstest kannst du selbst mithilfe der **Lösungsseiten** kontrollieren.
Du kannst ihn auch jemand anderes kontrollieren lassen, zum Beispiel durch deinen Tischnachbarn oder deine Tischnachbarin. Wichtig ist, dass der Test **sorgfältig kontrolliert** wird.

Nach der Fehlerkontrolle müssen bei jeder Aufgabe die richtigen Lösungen zusammengezählt werden. Dabei gibt es für jede richtige Lösung einen Punkt. Danach sollten die Punktzahlen für die einzelnen Aufgaben in die Leistungstabelle auf dem zweiten Blatt eingetragen werden.

Nun suchst du aus der Übersicht unten den Kommentar zum Leistungsstand für die entsprechende **Punktzahl** heraus.

Trage den für dich geltenden Kommentar in die Leistungstabelle ein. So kannst du sehen, welche grammatischen Bereiche du schon beherrschst und wo du unbedingt noch üben musst.

Das ist mein Leistungsstand

Aufgaben 1 sowie 5, 6 und 7	
12 Punkte	Spitze, das kannst du prima!
11 Punkte	In Ordnung, das kannst du einigermaßen!
9 – 10 Punkte	Hier solltest du noch etwas üben!
6 – 8 Punkte	Hier solltest du noch üben!
0 – 7 Punkte	Hier musst du unbedingt noch üben!

Aufgaben 2 bis 4 sowie 8 bis 10	
8 Punkte	Spitze, das kannst du prima!
7 Punkte	In Ordnung, das kannst du einigermaßen!
6 Punkte	Hier solltest du noch etwas üben!
5 Punkte	Hier solltest du noch üben!
4 Punkte	Hier musst du unbedingt noch üben!

Vergleiche nun deine Ergebnisse mit denen, die du beim Lernausgangstest erzielt hast.
Kennzeichne jeden Bereich, in dem du dich verbessert hast, am Rand mit einem ☺.
Kreuze außerdem die Bereiche an, in denen du noch weiter üben musst.
So kannst du sehen, wo du dich verbessert hast und was du noch weiter üben musst.

Leistungstabelle – Das kann ich schon

Aufgabe Nr.	Aufgabeninhalt	Punktzahl	Leistungsstand Lernausgangstest	Leistungsstand Abschlusstest	☺	!
1	Artikel					
2	Deklination von Artikeln, Adjektiven und Nomen					
3	Deklination von Possessivpronomen, Adjektiven und Nomen					
4	Deklination von Demonstrativpronomen, Adjektiven und Nomen					
5	Konjugation unregelmäßiger Verben im Präsens					
6	Konjugation unregelmäßiger Verben im Präteritum					
7	Konjugation unregelmäßiger Verben im Perfekt und Plusquamperfekt					
8	Konjugation unregelmäßiger Verben im Passiv					
9	Konjugation unregelmäßiger Verben im Konjunktiv I					
10	Konjugation unregelmäßiger Verben im Konjunktiv II					

Lösungen / Literatur

Lösungen – Baustein I / Erzählen

AB 1 Verwendung von Personalpronomen S. 14

a) **Sie** gibt **ihr** Geld.
b) **Sie** gibt **ihm** Schokolade.
c) **Er** wirft **ihm** den Ball zu.
d) **Er** schießt **ihn** ins Tor.
e) **Es** hat **sie** in der Hand.
f) **Er** erblickt **sie** schon von Weitem.
g) **Sie** schenkt **ihnen** Sprudel ein.
h) **Sie** gibt **es** Tom.

AB 2 Umstellung von Satzgliedern S. 15

a) **Plötzlich** hörte ich ein unheimliches Geräusch.
b) **Völlig erschreckt** rannte ich weg.
c) **Klatschnass geschwitzt** kam ich zu Hause an.
d) **Zu Hause** wartete schon meine Mutter auf mich.
e) **Mit erwartungsvollem Gesichtsausdruck** schaute sie mich an.
f) **Auf einmal** stand Vater in der Tür.
g) **Mit bebender Stimme** fragte er, wo ich gewesen sei.
h) **Kleinlaut** gab ich zu, dass wir trotz des Verbots im Steinbruch waren.

Lösungen – Baustein I / Beschreiben und Berichten

AB 1 Präpositionen für Ortsangaben S. 16

① **In der** rechten Ecke des Zimmers steht ein Schreibtisch. ② **An dem** Schreibtisch ist links hinten eine Schreibtischlampe befestigt. ③ **Auf dem** Schreibtisch liegt ein aufgeschlagenes Buch. ④ **Vor dem** Schreibtisch steht ein Drehstuhl. ⑤ **Über der** Lehne des Drehstuhls hängt ein T-Shirt. ⑥ **Unter dem** Schreibtisch sitzt eine Katze. ⑦ Links **neben dem** Schreibtisch steht ein Papierkorb. ⑧ Schräg **hinter dem** Papierkorb sieht man einen Ball liegen. ⑨ **Zwischen dem** Drehstuhl und **dem** Papierkorb liegt noch eine kleine Stoffmaus. Wem diese Spielzeuge wohl gehören?

AB 2 Präpositionen für Ortsangaben S. 17

a) Er fuhr mit dem Auto frontal **gegen den** Pfosten.
b) Sie traute sich, allein **durch den** finsteren Wald zu gehen.
c) Vorsichtig ging er **um das** Haus herum.
d) Er radelte **über die** Brücke, um ans andere Ufer zu kommen.
e) Sie fuhr **auf die** Fähre, um auf die Insel zu gelangen.
f) Marvin hat **unter dem** Baum geparkt, damit das Auto im Schatten steht.
g) Sofort gingen sie **in das** Geschäft hinein.
h) Esra rannte **hinter den** Baumstamm, sodass sie niemand sah.
i) Sie fuhren **die** ganze Straße **entlang**, ohne das beschriebene Haus zu finden.
j) Der Abfall flog ärgerlicherweise **neben den** Mülleimer.
k) Die Münzen kullerten **zwischen die** Sitze, sodass er sie nicht wieder hervorholen konnte.
l) Er ließ das Auto bis **vor die** Verladerampe rollen.
m) Sie hing das Bild **an die** Wand.

AB 3 Wörter zum Ausdruck von Handlungsabfolgen S. 18

① Klappe **zuerst** den vorderen Buchdeckel auf. ② Rolle **nun** die Einschlagfolie auf und lege das Buch aufgeschlagen so darauf, dass an den Rändern je 5 cm Platz ist. ③ Markiere **danach** an beiden Seiten den Abstand von 5 cm durch einen kleinen Einschnitt. ④ Schneide **anschließend** die ausgemessene Einschlagfolie von der Folienrolle ab. ⑤ **Als Nächstes** wird die Einschlagfolie an der Längsseite des Buchdeckels nach innen umgeknickt und der Buchdeckel zugeklappt. ⑥ **Hierauf** musst du den hinteren Buchdeckel aufklappen, die Folie nach innen umschlagen und den Buchdeckel wieder zuklappen. ⑦ Überprüfe **jetzt,** ob alles gerade ist. ⑧ Wenn ja, **dann** klebe die Folie mit Tesa an den Buchinnendeckeln fest. ⑨ **Als nächsten Schritt** legst du das Buch mit dem Buchdeckel nach oben auf den Tisch und schneidest die unten überstehende Folie schräg zur unteren Kante des Buchrückens ein. ⑩ **Im Anschluss daran** drehst du das Buch auf die Buchvorderseite um, und wiederholst den Vorgang an der hinteren Buchkante. ⑪ Knicke **hiernach** das eingeschnittene Folienstück nach innen. ⑫ **Darauf** wiederholst du den Vorgang für den Buchrücken oben. ⑬ **Nachdem** du die nach innen geschlagene Folie unten an der Längsseite der Buchhinterseite schräg wie ein Dreieck mit der Kante zur Kante der unteren Buchhinterseite gefaltet hast, klappst du **als Letztes** die gesamte überstehende Folie nach innen und befestigst sie rechts und links. ⑭ Wiederhole das Ganze **schließlich** für die zweite untere Buchkante und das Buch ist eingebunden.

AB 4 Sprachbausteine für den Einleitungsteil von Zeitungsberichten S. 19

① Am Montag, **dem** 16. September 2008 gegen 7.45 Uhr, wurde am Zebrastreifen vor der Astrid-Lindgren-Schule in Rüsselsheim **ein Schüler von einem Autofahrer angefahren.**

② Gestern, **den** 8. Mai 2008 gegen 22.00 Uhr, konnte in Frankfurt-Bockenheim **ein Einbrecher durch eine Polizeistreife festgenommen werden,** als er gerade dabei war, das Küchenfenster eines Einfamilienhauses aufzuhebeln.

③ Am letzten Mittwoch, **dem** 20. Juni 2008, wurde gegen 19.00 Uhr eine alte Dame im **Hanauer Stadtpark von Jugendlichen überfallen und ihrer Geldbörse beraubt.**

④ Vorgestern, **den** 19. März 2008 gegen 19.00 Uhr, gelang der Polizei in der Wiesbadener Innenstadt überraschend **die Festnahme eines bereits seit zwei Jahren gesuchten Bankräubers.**

Lösungen – Baustein 1 / Inhalte wiedergeben

AB 1 Sprachbausteine für Einleitungssätze S. 20

a) In der 1987 von Hans Mustermann verfassten Erzählung mit dem Titel „Musterstadt“ **geht es um ...**

b) Hans Mustermann beschreibt in seiner 1987 verfassten Erzählung mit dem Titel „Musterstadt, **wie ...**

c) Die von Hans Mustermann 1987 verfasste Erzählung mit dem Titel „Musterstadt“ **handelt von ...**

d) Hans Mustermann erzählt in seiner 1987 verfassten Erzählung mit dem Titel „Musterstadt“, **von ...**

AB 2 Sprachbausteine für Einleitungssätze S. 21

Artikel	**Roman**	**Erzählung**	**Ballade**	**Gedicht**
Nominativ *(wer oder was?)*	*der*	*die*	*die*	*das*
Dativ *(wem?)*	*dem*	*der*	*der*	*dem*
	Drama	**Komödie**	**Märchen**	**Theaterstück**
Nominativ *(wer oder was?)*	*das*	*die*	*das*	*das*
Dativ *(wem?)*	*dem*	*der*	*dem*	*dem*
	Bericht	**Reportage**	**Artikel**	**Text**
Nominativ *(wer oder was?)*	*der*	*die*	*der*	*der*
Dativ *(wem?)*	*dem*	*der*	*dem*	*dem*

AB 3 Sprachbausteine für Einleitungssätze S. 22

1. a) Der Autor erzählt in ...
sein**em** Roman
sein**er** Erzählung
sein**em** Gedicht
sein**em** Drama
sein**er** Komödie
sein**em** Märchen
sein**em** Theaterstück
sein**er** Ballade
sein**em** Bericht
sein**er** Reportage
sein**em** Artikel
sein**em** Text

b) Die Autorin beschreibt in ...
ihr**em** Roman
ihr**er** Erzählung
ihr**em** Gedicht
ihr**em** Drama
ihr**er** Komödie
ihr**em** Märchen
ihr**em** Theaterstück
ihr**er** Ballade
ihr**em** Bericht
ihr**er** Reportage
ihr**em** Artikel
ihr**em** Text

2. ① Der Autor Tom Finn beschreibt in sein**em** 1968 verfassten Roman mit dem Titel „Wiederkehr", wie ...
   ② In **dem** von der Autorin Tilda Bach 1980 verfassten Gedicht mit dem Titel „Heimat" geht es um ...
   ③ Der Autor Tom Finn schildert in **dem** von ihm 1990 verfassten Theaterstück mit dem Titel „Wiederkehr", dass ...
   ④ **Die** 1999 von der Autorin Tilda Bach geschriebene Komödie mit dem Titel „Heimat" handelt von ...
   ⑤ Tom Finn erzählt in sein**er** 2001 veröffentlichten Erzählung mit dem Titel „Wiederkehr" von ...
   ⑥ Tilda Bach beschreibt in ihr**em** 1995 erschienenen Märchen mit dem Titel „Heimat ein ...
   ⑦ Das 1998 erstmals aufgeführte Drama „Wiederkehr" **des** Autors Tom Finn beschäftigt sich mit dem Thema ...
   ⑧ In **der** 1880 veröffentlichten Ballade „Die Brück' am Tay" von Theodor Fontane geht es um ...

AB 4 Sprachbausteine für Einleitungssätze S. 25

Möglichkeit a)

In **der** 1880 von Theodor Fontane verfasst**en** Ballade mit dem Titel „Die Brück' am Tay" **geht es um** drei Hexen, die mithilfe ihrer magischen Fähigkeiten nachts eine Brücke zerstören und einen darauf fahrenden Zug ins Wasser stürzen lassen.

Möglichkeit b)

Theodor Fontane **beschreibt** in sein**er** 1880 verfasst**en** Ballade mit dem Titel „Die Brück' am Tay", **wie** drei Hexen mithilfe ihrer magischen Fähigkeiten nachts eine Brücke zerstören und einen darauf fahrenden Zug ins Wasser stürzen lassen.

Möglichkeit c)

Die 1880 von Theodor Fontane verfasst**e** Ballade mit **dem** Titel „Die Brück' am Tay" **handelt von** drei Hexen, die mithilfe ihrer magischen Fähigkeiten nachts eine Brücke zerstören und einen darauf fahrenden Zug ins Wasser stürzen lassen.

Möglichkeit d)

Theodor Fontane **erzählt** in sein**er** 1880 verfasst**en** Ballade mit **dem** Titel „Die Brück' am Tay" **von** drei Hexen, die mithilfe ihrer magischen Fähigkeiten nachts eine Brücke zerstören und einen darauf fahrenden Zug ins Wasser stürzen lassen.

AB 5 Konjunktionen zur Verknüpfung von Sätzen S. 26

Grammatischer Begriff	Art und Funktion	Konjunktionen
temporal	**Gibt das Zeitverhältnis an:** **Als** *wir ankamen, regnete es.*	⭘ als; **nachdem; während; bevor; ehe; bis; sobald; worauf; solange; inzwischen**
kausal	**Gibt den Grund an:** *Er trägt einen Schal,* **weil** *es draußen kalt ist.*	☐ weil; **da; denn; deshalb; daher; deswegen**
final	**Gibt das Ziel oder den Zweck an:** *Sie zieht ihren Mantel an,* **damit** *sie nicht friert.*	⊙ damit; **um ... zu**
konsekutiv	**Gibt die Folge an:** *Er hält an,* **sodass** *sie aussteigen kann.*	◆ sodass, dass; **folglich; also**
konzessiv	**Gibt die Einräumung an:** *Sie grillen,* **obwohl** *das Wetter nicht gut ist.*	★ obwohl; **obgleich; obschon; trotzdem; wenngleich; wenn auch**
konditional	**Gibt die Bedingung an:** *Ich freue mich,* **wenn** *du kommst.*	❖ wenn; **falls; sofern**
modal	**Gibt die Art und Weise oder die Begleit-umstände an:** *Du startest die Maschine,* **indem** *du den Hebel nach rechts drehst.*	✦ indem, womit, ohne dass; **wobei; dadurch, dass**

AB 6 Konjunktionen zur Verknüpfung von Sätzen S. 27

a) Ich komme morgen bei dir vorbei, **falls** du nichts dagegen hast.
b) Er freute sich, **weil** er das Tennisspiel gewonnen hatte.
c) Martin ging zur Arbeit, **obwohl** er Magenschmerzen hatte.
d) Sie saugte Staub, **nachdem** sie das Geschirr abgewaschen hatte.
e) Er machte auf sich aufmerksam, **indem** er laut um Hilfe rief.
f) Jonas machte Unsinn, **während** seine Eltern nicht zu Hause waren.
g) Sie ruft zu Hause an, **damit** sich ihre Eltern keine Sorgen machen.
h) Ich packe das Auto schon, **sodass** wir nachher gleich losfahren können.
i) Er kaufte noch schnell ein Eis, **bevor** er in den Zug stieg.
j) Ziehe eine Jacke an, **denn** es ist kalt draußen.
k) Ali weint, **weil** seine Oma gestorben ist.
l) Die Katze miaut, **denn** sie hat Hunger.

AB 7 Konjunktionen zur Verknüpfung von Sätzen S. 28

a) Die Hexen planen den Zug zu versenken. **Inzwischen** ist es stürmische Nacht geworden.
b) Der Zugführer Johnie nähert sich der Brücke, **obwohl** es eine stürmische Nacht ist.
c) Die Hexen wollen den Zug versenken, **weil** er von Menschen hergestellt worden ist.
d) Das Brückenwärterehepaar, Johnies Eltern, wartet auf der Nordseite der Brücke, **damit** sie ihren Sohn mit dem Zug vorbeifahren sehen können.
e) Johnie ist stolz auf die Brücke, **denn** er muss jetzt nicht mehr wie früher die ganze Weihnachtsnacht Leute mit einem Boot vom einen Ufer zum anderen befördern, **sodass** er die Eisenbahn als angenehme Erfindung empfindet.
f) Voller Zuversicht rast Johnie mit dem Zug auf die Brücke zu und denkt, **sofern** alles gut geht, wird er schnell am Ziel sein und so den Heiligabend bei seinen Eltern verbringen können.
g) **Als** er die Brücke mit Volldampf passiert, bricht sie zusammen und der Zug stürzt in die Tiefe, **folglich** ist der Plan der Hexen gelungen.
h) **Nachdem** der Zug in die Tiefe gestürzt ist, machen sich die drei Hexen über das Unglück lustig.

Lösungen – Baustein I / Literatur interpretieren u. analysieren

AB 1 Sprachbausteine zum Formulieren einer Interpretationshypothese S. 29

a) Theodor Fontane **möchte** mit seiner Ballade wahrscheinlich **ausdrücken, dass** Technik Gefahren birgt.
b) Mit seiner Ballade **möchte** Theodor Fontane vermutlich **aufzeigen, dass** Naturgewalten Technik besiegen können.
c) Theodor Fontane **möchte** mit seiner Ballade wahrscheinlich **verdeutlichen, dass** man nicht blind auf Technik vertrauen soll.
d) Mit seiner Ballade **möchte** Theodor Fontane offenbar **darauf aufmerksam machen, dass** es gefährlich sein kann, technikgläubig zu sein.
e) Theodor Fontane **möchte** mit seiner Ballade vermutlich **kritisieren, dass** Menschen zu sehr auf Technik vertrauen.

AB 2 Sprachbausteine zur Untergliederung von Texten S. 30

① **Die Geschichte lässt sich in ... Teile einteilen. Teil 1 reicht dabei von Zeile ... bis ..., Teil 2 von Zeile ... bis ..., Teil 3 von Zeile ... bis ...**
② **Die Geschichte lässt sich in ... Teile untergliedern. Dabei umfasst Teil 1 Zeile ... bis ..., Teil 2 Zeile ... bis ..., Teil 3 Zeile ... bis ...**
③ **Das Gedicht besteht aus ... Strophen mit jeweils ... Versen.**
④ **Das Gedicht beinhaltet ... Strophen mit jeweils ... Versen.**
⑤ **Das Gedicht weist ... Strophen mit jeweils ... Versen auf.**
⑥ **Das Gedicht besitzt ... Strophen mit jeweils ... Versen.**

AB 3 Sprachbausteine zur Einbindung von Zitaten S. 31

① Der Lokführer Johnie vertraut der Technik ganz, **was in Zeile 40 bis 45 deutlich wird, wo es heißt:** „Die Brücke noch! Aber was tut es, wir bezwingen es doch. Ein fester Kessel, ein doppelter Dampf. Die bleiben Sieger in einem solchen Kampf. Und wie's auch rast und ringt und rennt. Wir kriegen es unter: das Element". Johnie glaubt also, mit seinem Zug die Naturgewalten besiegen zu können.

② Johnies Eltern, die Brückenwärter, ahnen das tragische Geschehen bereits voraus, **was sich durch die Aussage** „Und die Brücknersleut' ohne Rast und Ruh und in Bangen sehen nach Süden zu" **in Zeile 20/23 belegen lässt,** die in Zeile 56/58 noch einmal wiederholt wird.

③ **Mit dem Satz** „Und die Brücke muss in den Grund hinein" **in Zeile 11 wird angedeutet, dass** die Hexen die Brücke über den Fluss zerstören wollen.

④ Der Lokführer Johnie ist stolz auf die Brücke, **was man in Zeile 46 sehen kann, wo geschrieben steht:** „Und unser Stolz ist unsere Brück'.

AB 4 Sprachbausteine zur Zusammenfassung am Schluss einer Textinterpretation und -analyse S. 32

a) **Abschließend lässt sich feststellen, dass ...**
b) **Zusammenfassend lässt sich also sagen, dass ...**
c) **Demnach kann man also zu dem Schluss gelangen, dass ...**
d) **Als Fazit lässt sich also feststellen, dass ...**
e) **Abschließend kann man demnach sagen, dass ...**
f) **Zusammenfassend kann man also feststellen, dass ...**
g) **Folglich kann man also sagen, dass ...**

AB 5 Sprachbausteine für die abschließende persönliche Wertung eines Textes S. 33

a) **Mir persönlich gefällt an der Geschichte, dass ...**
b) **Ich persönlich finde die Geschichte überzeugend, weil ...**
c) **Mir persönlich gefällt die Geschichte, weil ...**
d) **Meiner Meinung nach ist es dem Autor gelungen, eine gute Geschichte zu schreiben, weil ...**
e) **Mir persönlich gefällt die Geschichte nicht, weil ...**
f) **Meiner Meinung nach ist es dem Autor nicht gelungen, eine gute Geschichte zu schreiben, weil ...**
g) **Ich persönlich finde die Geschichte nicht überzeugend, weil ...**
h) **Mir persönlich gefällt an der Geschichte nicht, dass ...**
i) **Mir persönlich gefällt die Geschichte nur zum Teil, weil ...**

Lösungen – Baustein 1 / Argumentieren

AB 1 Sprachbausteine für die Formulierung der eigenen Meinung S. 34

a) Jörg: „**Ich denke, dass** Jugendliche noch nicht ab 14 Jahren wählen sollten."
b) Erkan: „**Meiner Meinung nach** sind wir noch viel zu jung dafür."
c) Jana: „**Ich meine, dass** man erst ab 16 bis 17 Jahren alt genug zum Wählen ist."
d) Ferhat: „**Nach meiner Ansicht** ist man erst zum Wählen reif genug, wenn man erwachsen ist."
e) Selma: „**Ich bin der Auffassung, dass** wir das erst mit 18 Jahren sind."
f) Heiko: „**Ich bin der Ansicht, dass** viele von uns das jetzt schon sind."
g) Fatma: „**Meiner Auffassung nach** sollten wir schon jetzt das Wahlrecht haben."
h) Felix: „**Ich bin der Meinung, dass** wir das Wahlrecht auf jeden Fall in zwei Jahren erhalten sollten, wenn wir 16 sind."

AB 2 Sprachbausteine für die Wiedergabe der Meinung/Aussage einer anderen Person S. 35

a) Lina **kritisiert, dass** viele Jugendliche nur noch vor dem Computer sitzen.
b) Ersan **behauptet, dass** ständiges Computerspielen Jugendliche ganz sicher süchtig machen kann.
c) Florian **vermutet, dass** manche Jugendliche bestimmt schon computerspielsüchtig sind.
d) Kemal **gesteht, dass** er bei bestimmten Spielen manchmal Probleme mit dem Ausschalten des Computers hat.
e) Boris **meint, dass** Computerspiele eben spannend sind.
f) Lina **schlägt vor, dass** deshalb die Dauer von Computerspielen begrenzt werden sollte.
g) Fatma **fordert, dass** die Spieldauer unbedingt auf 60 Minuten eingeschränkt werden muss.
h) Nils **stellt fest, dass** in diesem Bereich unbedingt etwas getan werden muss.

AB 3 Sprachbausteine zum Ausdruck einer gegenteiligen Meinung S. 36

a) Ich **dagegen** meine, dass niemand zum Tragen einer Schuluniform gezwungen werden soll.
b) **Ich** meine jedoch, dass die Einführung von Busbegleitern keineswegs zu weniger Gedrängel beim Einsteigen in die Schulbusse führen wird.
c) Ich hingegen denke, **dass** wir für die Einrichtung eines Schulkiosks kämpfen sollten.
d) Ich bin jedoch der **Auffassung**, dass wir unbedingt eine Klassenfahrt machen sollten.
e) Ich dagegen **denke**, dass wir das Klassenzimmer gelb anstreichen sollten.
f) Ich **hingegen** meine, dass die Einrichtung von Ganztagsschulen sinnvoll ist.
g) Ich bin **dagegen** der Meinung, dass wir am Wandertag ins Kino gehen sollten.
h) Ich denke **jedoch**, dass Markenklamotten von besserer Qualität sind.

Lösungen - Baustein 1 / Argumentieren

AB 4 Sprachbausteine, mit denen du der Meinung einer anderen Person teilweise zustimmen kannst — S. 37

a) **Ich halte Alis Forderung nur teilweise für berechtigt,** denn auf der einen Seite können sich Jugendliche durch ein eigenes Girokonto leicht verschulden, auf der anderen Seite können sie durch ein eigenes Girokonto früh den Umgang mit Geld erlernen.

b) **Ich kann Brittas Aussage nur zum Teil nachvollziehen.** Einerseits denke ich, dass wir die Gruppenarbeit ohne fremde Hilfe erledigen sollten, andererseits meine ich, dass die Aufgabe für uns allein zu schwer ist.

c) **Ich halte Esras Behauptung nur zum Teil für zutreffend,** denn einerseits kann man durch die Einführung von Schuluniformen zwar für soziale Gleichheit hinsichtlich der Kleidung sorgen, andererseits gibt es dann aber trotzdem noch genug andere Möglichkeiten für die Schüler und Schülerinnen, ihren sozialen Status durch das Mitbringen von anderen Gegenständen zu zeigen.

d) **Ich kann Jans Argumentation nur zum Teil folgen,** denn einerseits halte ich ein generelles Rauchverbot in der Schule zwar für sinnvoll, andererseits denke ich aber, dass es in der Praxis nicht durchsetzbar und damit sinnlos ist.

e) **Ich kann Sabines Ausführungen nur bedingt zustimmen.** Einerseits halte ich eine Tempo-30-Zone vor der Schule für wünschenswert, andererseits denke ich aber, dass sich die Autofahrer sowieso nicht daran halten werden.

AB 5 Konjunktionen und sprachliche Wendungen zur Aneinanderreihung von Argumenten — S. 38

① **zudem**
② **ferner**
③ **außerdem**
④ **daneben**
⑤ **des Weiteren**
⑥ **darüber hinaus**
⑦ **Als weiteres Argument kann angeführt werden, dass**
⑧ **Dazu kommt, dass**
⑨ **Ein weiteres Argument ist, dass**

Lösungen – Baustein I / Appellieren und Werben

AB 1 Sprachbausteine zum Aufzeigen von Vorteilen S. 39

a) Diese Wandfarbe **bietet den Vorzug, dass** sie abwaschbar ist.
b) Diese automatische Ausschaltung **ist sinnvoll, weil** der Wasserkocher sich so nicht überhitzen kann.
c) Diese Lampe **ist den anderen vorzuziehen, weil** sie höhenverstellbar ist.
d) **Der Vorzug** dieses Autos **besteht darin, dass** es besonders wenig Benzin verbraucht.
e) Diese Creme **besitzt den Vorteil, dass** sie die Haut gleichzeitig gegen Sonnenbrand schützt.
f) Dieser Fahrradhelm **ist besser, weil** er weiß ist und deshalb die Sonne nicht so anzieht.
g) Dieses Motorrad **ist vorteilhaft, weil** es weniger Benzin benötigt.
h) **Der Vorteil** dieses Haarshampoos **besteht darin, dass** es das Nachfetten der Haare verhindert und zugleich für glänzendes Haar sorgt.
i) Dieses Handy **hat den Vorteil, dass** man es auch als Taschenlampe verwenden kann.
j) Dieser Hausschuh **ist** für drinnen und draußen **geeignet, weil** er über eine spezielle Kunststoffsohle verfügt.

AB 2 Ausdrucksstarke Adjektive für Werbetexte S. 40

1.

b)	**extra**stark	**super**günstig	**mega**schnell	**ultra**leicht
c)	**stärker** als	**günstiger** als	**schneller** als	**leichter** als

2. a) **kinderleicht**
b) **frühlingsfrisch**
c) **perlweiß**
d) **messerscharf**
e) **aprilfrisch**
f) **butterweich**
g) **blütenweiß**
h) **federleicht**
i) **blitzschnell**
j) **schneeweiß**

Lösungen – Baustein 1 / Für sich werben

AB 1 Sprachbausteine für den Einleitungsteil eines Bewerbungsschreibens S. 41

a) Sehr geehrte Damen und Herren,
hiermit möchte ich **mich** bei **Ihnen** auf **Ihre** am 22.09.08 in **der** Rhein-Main-Zeitung erschienene Stellenausschreibung um **die** Ausbildung zum/zur Fleischereifachverkäufer/in bewerben.

b) Sehr geehrte Damen und Herren,
mit **großem** Interesse habe ich **Ihre** Stellenausschreibung in **der** Rhein-Main-Zeitung vom 22.09.08 für **einen** Ausbildungsplatz zum/zur Fleischereifachverkäufer/in gelesen. Hiermit möchte ich **mich** bei **Ihnen** um **diesen** Ausbildungsplatz bewerben.

c) Sehr geehrte Damen und Herren,
am 22.09.08 ist **Ihre** Anzeige in **der** Rhein-Main-Zeitung erschienen, dass bei **Ihrer** Firma eine Ausbildungsstelle als Fleischereifachverkäufer/in frei ist. Auf **diese** Stelle möchte ich **mich** hiermit bewerben.

AB 2 Sprachbausteine für die Begründung des Berufswunsches S. 42

Verkaufen macht mir Freude, was ich bei unserem zweimal jährlich stattfindenden Wohltätigkeitsbasar bei der Jugendfeuerwehr festgestellt habe. ① **Denn** ich kommuniziere gern mit Leuten und berate sie persönlich. ② Außerdem macht mir das Dekorieren von Waren Spaß, **weil** ich dabei meine kreativen Fähigkeiten entfalten kann. ③ **Deswegen** möchte ich mich gerade um diese Ausbildung bei Ihnen bewerben. ④ Außerdem habe ich schon mein Schulpraktikum in einer Metzgerei gemacht, wo ich unter anderem auch im Bereich Verkauf tätig war und **deshalb** schon einen guten Einblick in die Arbeitsabläufe in einer Metzgerei gewinnen konnte. ⑤ **Von daher** weiß ich bereits eine Menge über die Lagerung von Wurstwaren und kenne für die meisten Wurstsorten schon die Fachbezeichnungen. ⑥ Dass man bei dem Beruf den ganzen Tag stehen muss, macht mir nichts aus, **da** ich von der Jugendfeuerwehr her körperliche Tätigkeiten wie längeres Stehen gewohnt bin. ⑦ **Aus diesen Gründen** denke ich, dass der Beruf zu mir passt.

AB 3 Sprachbausteine: Schlussteil eines Bewerbungsschreibens S. 43

① **Über eine Einladung zu einem Vorstellungsgespräch würde ich mich sehr freuen.**
Mit freundlichen Grüßen
Tom Finn

② **Darüber, mich Ihnen vorstellen zu dürfen, würde ich mich sehr freuen.**
Mit freundlichen Grüßen
Emilie Schmidt

Lösungen – Baustein II / Lernausgangstest Grammatik

Was kannst du schon und wo hast du noch Übungsbedarf? S. 45

1. **der** Lastwagen, **die** Mülltonne, **das** Briefpapier, **das** Notizbuch, **die** Wäschewanne, **der** Kindergarten, **die** Turmuhr, **der** Briefkasten, **das** Streichholz, **der** Hausmeister, **die** Schnapsflasche, **das** Alkoholverbot

12 Punkte

2. a) Das Haar **der alten** Frau ist grau.
   b) Sie schenkt **dem kleinen** Kind Bonbons.
   c) Er sucht nach **der neuen** Adresse.
   d) Die Mundwinkel **des frechen** Jungen verziehen sich.
   e) Sie reitet **das schwarze** Pferd.
   f) Er läuft **dem seltsamen** Mann hinterher.
   g) **Das glückliche** Mädchen springt vor Freude in die Luft.
   h) Er verliebt sich in **die vornehme** Dame.

8 Punkte

3. a) **Mein großer** Bruder kommt nachher.
   b) Die Frisur **deines kleinen** Mädchens ist hübsch.
   c) Ich gebe **ihrem hungrigen** Hund Futter.
   d) Ich nehme **dein altes** Fahrrad.
   e) Ich suche **meine braune** Tasche.
   f) **Unsere neue** Katze ist schon ganz zutraulich.
   g) Der Reißverschluss **deiner grünen** Jacke ist kaputt.
   h) Ich habe den Schlüssel bei **seiner freundlichen** Nachbarin abgegeben.

8 Punkte

4. a) Die Worte **dieses frechen** Jungen sind nicht wahr.
   b) Mit **dieser unmöglichen** Dame rede ich nicht.
   c) Ich hoffe, die Buchhandlung hat **dieses neue** Buch vorrätig.
   d) **Diesem armen** Mann würde ich gerne helfen.
   e) Die Ohrringe **dieser vornehmen** Frau sehen toll aus.
   f) Das Geschrei **dieses lauten** Kindes ist kaum auszuhalten.
   g) **Diesen tollen** Sänger habe ich irgendwo schon einmal gesehen.
   h) Ich habe mir **diese weiße** Bluse gekauft.

8 Punkte

5. ① er/sie/es **spricht** ② er/sie/es **hält**
   ③ er/sie/es **misst** ④ er/sie/es **weiß**
   ⑤ er/sie/es **sieht** ⑥ er/sie/es **fängt**
   ⑦ er/sie/es **trägt** ⑧ er/sie/es **stiehlt**
   ⑨ er/sie/es **ist** ⑩ er/sie/es **will**
   ⑪ er/sie/es **mag** ⑫ er/sie/es **sticht**

12 Punkte

6. ① er/sie/es **traf** ② er/sie/es **riet**
   ③ er/sie/es **zog** ④ er/sie/es **log**
   ⑤ er/sie/es **fand** ⑥ er/sie/es **lud**
   ⑦ er/sie/es **nahm** ⑧ er/sie/es **schoss**
   ⑨ er/sie/es **ließ** ⑩ er/sie/es **schrieb**
   ⑪ er/sie/es **fror** ⑫ er/sie/es **lief**

12 Punkte

7. ① er hat **verloren** ② sie war **gesprungen**
   ③ es hatte **gestunken** ④ er hatte **gesprochen**
   ⑤ sie hatte **gebeten** ⑥ es hat **genommen**
   ⑦ er ist **geflohen** ⑧ er hatte **geschrieben**
   ⑨ sie hat **gestrichen** ⑩ es hat **gebissen**
   ⑪ es hat **gewogen** ⑫ sie hat **gewonnen**

12 Punkte

8. a) Sie wird nach Hause **gebracht.**
   b) Er wurde ins Krankenhaus **geflogen.**
   c) Die Blumen sind gestern **gegossen** worden.
   d) Er war dazu **gezwungen** worden.
   e) Es wurde **durchgeschnitten.**
   f) Der Laden war **geschlossen.**
   g) Sie ist von einer Wespe **gestochen** worden.
   h) Das Fahrrad wird beiseite **geschoben.**

8 Punkte

9. **Die Frau erzählte mir, ...**
   a) Der Junge **weine** schon seit einer Stunde.
   b) Sie **sei** ratlos.
   c) Sie **wisse** nicht warum.
   d) Sie **habe** schon alles versucht, um ihn zu trösten.
   e) Sie **mache** sich echt Sorgen um ihn.
   f) Er **liege** schon die ganze Zeit im Kinderbett.
   g) Er **wolle** nicht spielen.
   h) Vielleicht **leide** er unter Bauchschmerzen.

8 Punkte

10. **Der Mann erklärte, ...**
   a) Die Vögel **flögen** jedes Jahr in den Süden.
   b) Heike und Uli **säßen** im Wohnzimmer.
   c) Viele Leute **läsen** eine Tageszeitung.
   d) Die beiden **wüssten** den Weg nicht.
   e) Lara und Esra **führen** um 17.00 Uhr wieder weg.
   f) Die Leute **müssten** immer mehr Geld für das Essen ausgeben.
   g) Osman und Ali **könnten** den Kirschsaft kaufen.
   h) Mama und Papa **kämen** erst um 12.00 Uhr.

8 Punkte

Methodentraining S. 52

1. a) **der Schulbucheinband**
   b) **das Dampfbügeleisen**
   c) **die Arbeitsbeschaffungsmaßnahme**
   d) **der Zwillingskinderwagen**

2. a) **gezwungen** b) **gesessen** c) **geworfen**

3. a) **sie wögen** b) **sie sänken** c) **sie gewännen/gewönnen**

Lösungen – Baustein II / Deklinieren

AB 1 Den richtigen Artikel bei zusammengesetzten Nomen finden S. 58

1. ① **der Kindergarten** ② **das Bücherregal**
   ③ **die Aktentasche** ④ **die Wohnzimmertür**
   ⑤ **der Schornsteinfeger** ⑥ **das Federmäppchen**
   ⑦ **der Bahnhofsuhrzeiger** ⑧ **die Schwimmbadeingangstür**
   ⑨ **Das Fußballwettkampftrikot** ⑩ **der Eintrittskartenvorverkauf**

2. **Gesicht** ist das im Fundament des Hauses stehende Grundwort für **Schneemann**. Deshalb bestimmt es das **Geschlecht** und den Artikel des Wortes das **Schneemanngesicht.**

AB 2 Artikel, Adjektiv und Nomen S. 59

1. ① **Der nette** Mann, **die nette** Frau, und **das nette** Kind gehen die Straße entlang. ② Die Haare **des netten** Mannes, **der netten** Frau und **des netten** Kindes sind blond. ③ **Dem netten** Mann, **der netten** Frau, und **dem netten** Kind begegnet ein Hund. ④ Der Hund bellt **den netten** Mann, **die nette** Frau und **das nette** Kind an, sodass sie Angst bekommen.

2. ① **Die netten** Herren, Damen und Kinder gehen ins Kino. ② Die Augen **der netten** Herren, Damen und Kinder schauen gespannt zur Leinwand. ③ **Den netten** Herren, Damen und Kindern ist schon gruselig zumute, ④ doch die beginnende Werbung verärgert **die netten** Herren, Damen und Kinder.

AB 3 Artikel, Adjektiv und Nomen S. 60

1. a) Sie streichelt **die** niedlich**e** Katze.
   b) Er gibt **dem** schwarz**en** Pudel Futter.
   c) Sie bringt **den** eklig**en** Abfall hinaus.
   d) Frau Bilker bittet **die** laut**en** Jugendlichen, leiser zu sein.
   e) Esra lockt **die** ängstlich**e** Katze unter dem Tisch hervor.
   f) Die Lehrerin tadelt **das** frech**e** Mädchen, das dort sitzt.
   g) **Der** neu**e** Chef ist nett.
   h) Sie gibt **dem** klein**en** Kind einen Lutscher.
   i) Die Augen **der** zahlreich**en** Zuschauer blicken gespannt zur Bühne.
   j) Sie machen mit **der** alt**en** Frau eine Ausflugsfahrt.
   k) Kemal und Felix spülen **das** dreckig**e** Geschirr.
   l) Die Stimme **des** wütend**en** Mannes bebte.
   m) Er nimmt **den** treu**en** Hund mit in den Urlaub.
   n) Die Augen **der** getigert**en** Katze schauen hungrig.
   o) Die Hände **des** neugierig**en** Kindes greifen nach allem.
   p) Sie spielen **dem** unsicher**en** Lehrer einen Streich.
   q) Jana wirft **die** alt**en** Schuhe in den Müll.
   r) **Das** flink**e** Eichhörnchen klettert den Baum hoch.
   s) Sie helfen **den** gehbehindert**en** Senioren ins Haus zu gehen.
   t) **Die** besorgt**e** Mutter sucht ihr Kind.

2. **Die Adjektiv-Endungen lauten -e oder -en und hängen ab von der Form des Nomens, auf das sie sich beziehen, und von dem vorangehenden Artikel.**

Lösungen – Baustein II / Deklinieren

AB 4 Artikel, Adjektiv und Nomen S. 61

1. a) **Ein schöner** Kater, **eine schöne** Katze und **ein schönes** Pferd sitzen zusammen auf einer Wiese.
   b) Die Augen **eines schönen** Katers, **einer schönen** Katze und **eines schönen** Pferdes sind oft braun.
   c) **Einem schönen** Kater, **einer schönen** Katze und **einem schönen** Pferd gefällt es gewöhnlich draußen.
   d) Nichts kann **einen schönen** Kater, **eine schöne** Katze und **ein schönes** Pferd vom Fressen abhalten.

2. a) Er liest gerade **ein spannendes** Buch.
   b) Das Geschrei **eines kleinen** Kindes kann sehr unangenehm sein.
   c) Ich habe **einer hübschen** Dame einen Liebesbrief geschrieben.
   d) Ein **treuer Ehemann** ist leider keine Selbstverständlichkeit.
   e) Ich habe mir **einen neuen** Stadtplan gekauft.
   f) Die Augen **eines neugeborenen** Babys sind oft blau.

AB 5 Possessivpronomen, Adjektiv und Nomen (Teil 2) S. 63

Fall	**Singular maskulinum**	**Plural**
Nominativ *Wer oder was?*	**ihr schöner** Vogel	**ihre schönen** Vögel
Genitiv *Wessen?*	**ihres schönen** Vogels	**ihrer schönen** Vögel
Dativ *Wem?*	**ihrem schönen** Vogel	**ihren schönen** Vögeln
Akkusativ *Wen oder was?*	**ihren schönen** Vogel	**ihre schönen** Vögel

Fall	**Singular femininum**	**Singular neutrum**
Nominativ *Wer oder was?*	**ihre schöne** Maus	**ihr schönes** Pferd
Genitiv *Wessen?*	**ihrer schönen** Maus	**ihres schönen** Pferdes
Dativ *Wem?*	**ihrer schönen** Maus	**ihrem schönen** Pferd
Akkusativ *Wen oder was?*	**ihre schöne** Maus	**ihr schönes** Pferd

Lösungen – Baustein II / Deklinieren

AB 6 Possessivpronomen, Adjektiv und Nomen S. 64

1. ① Sonja bringt **ihre kaputte** Uhr zur Reparatur.
   ② Morgen fahren wir zu **meiner jüngeren** Schwester.
   ③ Sie gießt die Blumen **ihrer kranken** Nachbarin, die im Krankenhaus liegt.
   ④ **Eure neue** Wohnung ist größer als die alte.
   ⑤ Sie füttert **ihren hungrigen** Kater.
   ⑥ Mit **seinem freundlichen** Wesen beeindruckte Jens den Personalchef.
   ⑦ Vielen Dank für **eure schnelle** Hilfe, ihr wart wirklich innerhalb von 30 Minuten da.
   ⑧ Die Augen **ihres treuen** Hundes sahen sie bettelnd an.
   ⑨ Das Grab **deiner verstorbenen** Mutter muss bepflanzt werden.
   ⑩ Für **ihre hervorragende** Leistung wurde Ute mit einer Urkunde ausgezeichnet.

2. **Ahmed verbindet seinen blutenden/verletzten Daumen.**

AB 7 Demonstrativpronomen, Adjektiv und Nomen S. 65

Fall	Singular maskulinum	Plural maskulinum
Nominativ *Wer oder was?*	**dieser kleine** Kater	**diese kleinen** Kater
Genitiv *Wessen?*	**dieses kleinen** Katers	**dieser kleinen** Kater
Dativ *Wem?*	**diesem kleinen** Kater	**diesen kleinen** Katern
Akkusativ *Wen oder was?*	**diesen kleinen** Kater	**diese kleinen** Kater

Fall	Singular femininum	Singular neutrum
Nominativ *Wer oder was?*	**diese kleine** Katze	**dieses kleine** Tier
Genitiv *Wessen?*	**dieser kleinen** Katze	**dieses kleinen** Tieres
Dativ *Wem?*	**dieser kleinen** Katze	**diesem kleinen** Tier
Akkusativ *Wen oder was?*	**diese kleine** Katze	**dieses kleine** Tier

AB 8 Demonstrativpronomen, Adjektiv und Nomen S. 66

① **Diese fehlerhaften** Produkte müssen aus dem Handel genommen werden.
② Ich habe **diesen nassen** Pullover zum Trocknen aufgehängt.
③ Von **dieser großartigen** Idee war er schnell begeistert.
④ Der Lärm **dieser betrunkenen** Studenten ist kaum auszuhalten.
⑤ **Dieser unfähige** Lehrer sollte entlassen werden.
⑥ **Dieses kleine** Kind habe ich gestern am Spielplatz gesehen.
⑦ Sie hat **diesen kaputten** Roller zum Müll gestellt.
⑧ Man sollte **dieser vorlauten** Dame ein Pflaster auf den Mund kleben.
⑨ Er hat sich **dieses schnelle** Auto gekauft, damit er eine geringere Fahrzeit zur Arbeit hat.
⑩ Sie hatte große Angst vor **diesem unerklärlichen** Geräusch.
⑪ Die Haare **dieser alten** Dame sind schon grau.
⑫ Die Brille **dieses vornehmen** Herrn sah teuer aus.

Lösungen – Baustein II / Konjugieren

AB 1 Präsens: unregelmäßige Verben S. 67

a ▷ ä	e ▷ i	e ▷ ie
er **trägt**	er **wirbt**	er **befiehlt**
er **fährt**	er **vergisst**	er **sieht**
er **rät**	er **flicht**	er **stiehlt**
er **schlägt**	er **bricht**	er **empfiehlt**
er **bäckt**	er **verdirbt**	es **geschieht**
er **säuft**	er **frisst**	
er **vergräbt**	er **trifft**	
er **fällt**	er **spricht**	
er **hält**	er **birgt**	
er **schläft**	er **isst**	
er **fängt**	er **schwillt an**	
er **wächst**	er **nimmt**	

AB 2 Präsens: unregelmäßige Verben S. 68

① Frau Müller **fährt** mit dem Bus zum Supermarkt. ② Fast **vergisst** sie an der richtigen Haltestelle auszusteigen. ③ In der rechten Hand **trägt** sie einen Einkaufskorb, in der linken **hält** sie verkrampft einen Einkaufszettel. ④ Hektisch **betritt** sie den Markt und **stößt** mit einem Mann zusammen. ⑤ Zum Glück **fällt** Frau Müller nicht hin und **bricht** sich nichts. ⑥ Als sie **sieht**, dass auch ihrem Gegenüber nichts passiert ist, **entschuldigt** sie sich, und der Mann **lacht** und **empfiehlt** ihr, das nächste Mal besser aufzupassen. ⑦ Nun **kann** sich Frau Müller endlich auf den Einkauf konzentrieren. ⑧ Sie **nimmt** sich einen Einkaufswagen und **beginnt** zielstrebig mit ihrem Einkauf, da sie genau **weiß**, was sie einkaufen **will**. ⑨ Dabei **passt** sie akribisch auf, dass sie nichts **vergisst**, was auf ihrem Einkaufszettel **steht**. ⑩ Plötzlich **trifft** sie den Mann von vorhin wieder, als sie gerade eine Flasche Sprudel in ihren Einkaufswagen **stellt**. ⑪ Frau Müller **sieht**, wie der Mann zwei Flaschen Schnaps **stiehlt**. ⑫ Das **will** sie nicht zulassen, das Herz **schlägt** ihr bis zum Hals, ihre Aufregung **wächst**. ⑬ Deshalb **spricht** sie den Mann mutig an, doch er **entkommt** unerkannt. ⑭ Wie ärgerlich, **denkt** sie, so etwas erlebt man nicht alle Tage.

AB 3 Präteritum: unregelmäßige Verben S. 69

Infinitiv ▷ Präteritum	**Infinitiv ▷ Präteritum**	**Infinitiv ▷ Präteritum**
springen ▷ er **sprang**	nehmen ▷ sie **nahm**	fliehen ▷ es **floh**
lesen ▷ er **las**	beginnen ▷ sie **begann**	laden ▷ es **lud**
gewinnen ▷ er **gewann**	treffen ▷ sie **traf**	reiten ▷ es **ritt**
müssen ▷ er **musste**	sehen ▷ sie **sah**	können ▷ es **konnte**
lügen ▷ er **log**	halten ▷ sie **hielt**	schreiben ▷ es **schrieb**
raten ▷ er **riet**	ziehen ▷ sie **zog**	finden ▷ es **fand**
bitten ▷ er **bat**	helfen ▷ sie **half**	lassen ▷ es **ließ**
schießen ▷ er **schoss**	gehen ▷ sie **ging**	schlafen ▷ es **schlief**
fliegen ▷ er **flog**	frieren ▷ sie **fror**	bleiben ▷ es **blieb**
schweigen ▷ er **schwieg**	fallen ▷ sie **fiel**	laufen ▷ es **lief**
stoßen ▷ er **stieß**	braten ▷ sie **briet**	gießen ▷ es **goss**
werfen ▷ er **warf**	greifen ▷ sie **griff**	scheinen ▷ es **schien**
kommen ▷ er **kam**	befehlen ▷ sie **befahl**	riechen ▷ es **roch**

AB 4 Präteritum: unregelmäßige Verben S. 70

Infinitiv	Präteritum
vergessen	*er, sie, es* **vergaß**
fahren	**fuhr**
verlieren	**verlor**
wissen	**wusste**
essen	**aß**
heißen	**hieß**
liegen	**lag**
bieten	**bot**
beißen	**biss**
rennen	**rannte**
sehen	**sah**
denken	**dachte**
wiegen	**wog**
stehlen	**stahl**
fangen	**fing**
biegen	**bog**
pfeifen	**pfiff**
reißen	**riss**
treten	**trat**
fließen	**floss**
steigen	**stieg**
leihen	**lieh**
genießen	**genoss**
trinken	**trank**
stehen	**stand**
erschrecken	**erschrak**
gebären	**gebar**
kriechen	**kroch**
dürfen	**durfte**
haben	**hatte**
wachsen	**wuchs**
sitzen	**saß**
schleichen	**schlich**
bringen	**brachte**
rufen	**rief**
schlagen	**schlug**
singen	**sang**
sein	**war**
waschen	**wusch**
laden	**lud**

Lösungen – Baustein II / Konjugieren

AB 5 Präteritum: unregelmäßige Verben S. 72

① Neulich **lag** Herr Kramer wie gewöhnlich im Bett und **schlief**. ② Draußen **war** es ganz ruhig. ③ Leise **fiel** etwas Schnee vom Himmel. ④ Herr Kramer **hatte** es schön warm unter seiner Bettdecke. ⑤ Doch plötzlich **erschrak** er durch ein lautes, merkwürdiges Geräusch von draußen. ⑥ Der Schreck **war** so groß, dass Herr Kramer sofort senkrecht im Bett **saß**. ⑦ Als er die Augen **aufschlug**, **nahm** er einen seltsamen Lichtschein wahr. ⑧ Sofort **sprang** der verschlafene Mann aus dem Bett, **zog** seine Hausschuhe an und **rannte** zum Fenster.

⑨ Dort **riss** er so schnell er **konnte** die Vorhänge beiseite. ⑩ „Verdammt, ich muss sofort die Feuerwehr rufen!“, **dachte** er, denn aus einem Fenster des Hauses gegenüber **sah** er lodernde Flammen aufsteigen. ⑪ Sogleich **lief** er mit eiligen Schritten zum Telefon, **riss** den Hörer hoch und **begann** 112 zu wählen. ⑫ Doch da **bog** die Feuerwehr schon mit Blaulicht um die Ecke und **hielt** vor dem brennenden Haus. ⑬ Da die Feuerwehr zügig mit der Arbeit **anfing**, **erlosch** das Feuer schnell. ⑭ Es **roch** nur noch sehr nach Verbranntem. ⑮ Herr Kramer **blieb** noch eine kurze Zeit am Fenster stehen, da die Neugier ihm keine Ruhe **ließ**. ⑯ Da er jedoch bald **fror**, **ging** er wieder in Richtung Bett und **verkroch** sich unter seine Bettdecke.

AB 6 Präsens und Präteritum: unregelmäßige Verben S. 73

1. ① Herr Huber **sitzt** im Garten und **hält** Mittagsschlaf. ② Plötzlich **wird** er durch ein Geräusch geweckt. ③ Er **schlägt** die Augen auf und **sieht** Folgendes: ④ Kuno, der Nachbarskater **springt** im Garten herum. ⑤ Das Tier **schleicht** zum Gartenteich und **verbirgt** sich im Schilf. ⑥ Auf einmal **ist** ein Platschen zu hören, der Kater **schlägt** mit der Pfote aufs Wasser und **angelt** einen Fisch. ⑦ Dann **rennt** das diebische Tier hastig mit seiner Beute davon. ⑧ Nun **hat** Herr Huber wieder einen Fisch weniger in seinem Teich und **weiß** endlich, wohin die anderen Fische verschwunden sind, die er **vermisst**.

2. Herr Huber berichtet seinem Nachbarn: ① Vorhin **saß** ich im Garten und **hielt** Mittagsschlaf. ② Plötzlich **wurde** ich durch ein Geräusch geweckt. ③ Ich **schlug** die Augen auf und **sah** Folgendes: ④ Kuno, dein Kater, **sprang** im Garten herum. ⑤ Das Tier **schlich** zum Gartenteich und **verbarg** sich im Schilf. ⑥ Auf einmal **war** ein Platschen zu hören, der Kater **schlug** mit der Pfote aufs Wasser und **angelte** einen Fisch. ⑦ Dann **rannte** das diebische Tier hastig mit seiner Beute davon. ⑧ Nun **hatte** ich wieder einen Fisch weniger im Teich und **wusste** endlich, wohin die anderen Fische verschwunden sind, die ich **vermisste**.

AB 7 Perfekt: unregelmäßige Verben S. 74

Infinitiv	Nr.	Perfekt
① sprechen	(6)	er hat sich gestritten
② helfen	(11)	er hat gewusst
③ greifen	(7)	er hat gebeten
④ zerreißen	(13)	er ist gerannt
⑤ trinken	(1)	er hat gesprochen
⑥ sich streiten	(16)	er hat befohlen
⑦ bitten	(3)	er hat gegriffen
⑧ sich wenden an	(10)	er hat genommen
⑨ schreien	(5)	er hat getrunken
⑩ nehmen	(2)	er hat geholfen
⑪ wissen	(8)	er hat sich gewandt an
⑫ werfen	(15)	er ist gewesen
⑬ rennen	(9)	er hat geschrien
⑭ gehen	(17)	er hat zerbrochen
⑮ sein	(19)	er hat gedacht
⑯ befehlen	(4)	er hat zerrissen
⑰ zerbrechen	(20)	sie hat geboren
⑱ anbieten	(12)	er hat geworfen
⑲ denken	(14)	er ist gegangen
⑳ gebären	(18)	er hat angeboten

Infinitiv	Nr.	Perfekt
㉑ fechten	(25)	er hat gezwungen
㉒ verlieren	(30)	er hat geschmissen
㉓ treffen	(21)	er hat gefochten
㉔ wiegen	(29)	er hat gebissen
㉕ zwingen	(32)	er hat gestunken
㉖ ziehen	(22)	er hat verloren
㉗ finden	(27)	er hat gefunden
㉘ stehlen	(23)	er hat getroffen
㉙ beißen	(35)	er ist gestorben
㉚ schmeißen	(24)	er hat gewogen
㉛ springen	(38)	er hat geschlossen
㉜ stinken	(26)	er hat gezogen
㉝ stehen	(28)	er hat gestohlen
㉞ streichen	(36)	er hat gewonnen
㉟ sterben	(33)	er hat gestanden
㊱ gewinnen	(39)	er hat geflohen
㊲ schreiben	(34)	er hat gestrichen
㊳ schließen	(40)	er hat gefroren
㊴ fliehen	(31)	er ist gesprungen
㊵ frieren	(37)	er hat geschrieben

AB 8 Plusquamperfekt: unregelmäßige Verben S. 75

Infinitiv	Nr.	Perfekt
① beginnen	(4)	er war angeschwollen
② wissen	(7)	er hatte gesandt
③ steigen	(8)	er hatte gelegen
④ anschwellen	(1)	er hatte begonnen
⑤ genießen	(9)	er hatte geschwiegen
⑥ sinken	(2)	er hatte gewusst
⑦ senden	(10)	er hatte geliehen
⑧ liegen	(3)	er war gestiegen
⑨ schweigen	(12)	er hatte geborgen
⑩ leihen	(5)	er hatte genossen
⑪ fliegen	(17)	er war geblieben
⑫ bergen	(6)	er war gesunken
⑬ kennen	(16)	er hatte gesessen
⑭ helfen	(20)	er war abgebogen
⑮ schleichen	(11)	er war geflogen
⑯ sitzen	(18)	er hatte gebracht
⑰ bleiben	(15)	er war geschlichen
⑱ bringen	(13)	er hatte gekannt
⑲ können	(14)	er hatte geholfen
⑳ abbiegen	(19)	er hatte gekonnt

Infinitiv	Nr.	Perfekt
㉑ schwimmen	(25)	er war gelungen
㉒ singen	(26)	er hatte gemocht
㉓ riechen	(21)	er war geschwommen
㉔ wiegen	(27)	er hatte gelitten
㉕ gelingen	(32)	er hatte geschienen
㉖ mögen	(22)	er hatte gesungen
㉗ leiden	(30)	er war geschieden
㉘ schwören	(39)	er hatte gehangen
㉙ schießen	(31)	er hatte empfohlen
㉚ scheiden	(23)	er hatte gerochen
㉛ empfehlen	(33)	er war geflossen
㉜ scheinen	(28)	er hatte geschworen
㉝ fließen	(34)	er war gekrochen
㉞ kriechen	(24)	er hatte gewogen
㉟ schneiden	(37)	er war eingeschritten
㊱ reiten	(40)	er hatte genannt
㊲ einschreiten	(29)	er hatte geschossen
㊳ springen	(36)	er war geritten
㊴ hängen	(35)	er hatte geschnitten
㊵ nennen	(38)	er war gesprungen

Lösungen – Baustein II / Konjugieren

AB 9 Perfekt und Plusquamperfekt: unregelmäßige Verben S. 76

a) „Sara **ist** durch den Wald **gegangen**“, erklärte Thomas.
b) Nachdem er **gewonnen hatte**, gab er eine Runde Bier aus.
c) Bevor er von einem Ladendetektiv erwischt wurde, **hatte** der Junge noch schnell eine CD **gestohlen**.
d) Nachdem er seiner Mutter **geholfen hatte**, fuhr er wieder nach Hause.
e) „Onkel Furkan **ist** mit dem Flugzeug hierher **geflogen**“, sagte Tante Selma.
f) Er **hatte** ihr eine SMS **gesandt**, bevor er sie angerufen hat.
g) „Jan **hat** das Wohnzimmer so schön **gestrichen**“, verkündete Birte stolz.
h) Nachdem Oma **gestorben war**, wurde sie schnell beerdigt.
i) Es **hatte gestunken**, bevor sie das Fenster öffneten.
j) Nachdem sie den Rollladen **geschlossen hatte**, löschte sie das Licht.
k) Sie **hatte** neulich schon sehr **gefroren**.
l) „Linda **hat** vorher zu leise **gesprochen**“, bemerkte Katrin.

AB 10 Das Passiv unregelmäßiger Verben im Präsens S. 77

1. a) Das Brot wird **durchgeschnitten**.
   b) Der Ball wird ins Tor **geschossen**.
   c) Sie wird in den Verein **aufgenommen**.
   d) Das Kind wird von seiner Mutter **gemocht**.
   e) Der Abfall wird in den Müllcontainer **geschmissen**.
   f) Die Fenster werden **geschlossen**.
   g) Sie wird **gewogen**.
   h) Das Kind wird von seinem Vater **hochgehoben**.
   i) Die Blumen werden **gegossen**.

2. **Das Flugzeug wird von Tim geflogen.**
   Die Wand wird rot gestrichen.

AB 11 Das Passiv unregelmäßiger Verben im Präteritum S. 78

1. a) Sie wurde mit einem Hubschrauber ins Krankenhaus **geflogen**.
   b) Die Flasche wurde leer **getrunken**.
   c) Sie wurde am 8.10.1980 **geboren**.
   d) Die Möbel wurden beiseite **geschoben**.
   e) Sie wurden letztes Jahr **geschieden**.
   f) Sie wurde von einer Wespe **gestochen**.
   g) Die Bücher wurden mir **zugesandt**.
   h) Diese Notiz wurde von Mama **geschrieben**.
   i) Der Verletzte wurde von Sanitätern **geborgen**.

2. **Das Handy wurde aufgeladen.**

Lösungen – Baustein II / Konjugieren

AB 12 Das Passiv unregelmäßiger Verben im Perfekt — S. 79

1. a) Die beiden sind von Esra **gefunden** worden.
   b) Die Wand ist von Daniel **angestrichen** worden.
   c) Sie ist dazu **gezwungen** worden.
   d) Das ist von Julia dahin **geworfen** worden.

2. a) Es **ist** mir von Kemal **geliehen worden**.
   b) Die beiden Kinder **sind** von ihrer Mutter **verloren worden**.
   c) Lauras Uhr **ist gestohlen worden**.
   d) Sie **ist** von einem Hund **gebissen worden**.

AB 13 Das Passiv unregelmäßiger Verben im Plusquamperfekt — S. 80

1. a) Der Zahn daneben war ihm neulich **gezogen** worden.
   b) Das Pferd war von ihr schon einmal **geritten** worden.
   c) Er war früher so **genannt** worden.
   d) Das Bild war von Susanne **aufgehängt** worden.

2. a) Sie **war** von ihm **angelogen worden**.
   b) Es **war** auseinander**gebrochen worden**.
   c) Die Kinder **waren** von Jörg **gebracht worden**.
   d) Dieses Mittel **war** ihm von der Verkäuferin **empfohlen worden**.
   e) Sie **war** darum **gebeten worden**.

AB 14 Die indirekte Rede – dritte Person Singular Präsens — S. 81

Der Verkäufer erzählt:

a) Dieser Fernseher **sei** besonders preisgünstig.
b) Er **verfüge** über eine hohe Bildqualität.
c) Denn der breite Bildschirm **sorge** auch für ein Bild, das von Weitem gut zu sehen **sei**.
d) Um die Nachbarn nicht durch laute Musik zu stören, **könne** man einen kabellosen Kopfhörer anschließen.
e) Außerdem **biete** die Fernbedienung mit großen Tasten einen hohen Bedienkomfort.
f) Darüber hinaus **benötige** der Flachbildschirm wenig Platz.
g) Und schließlich **verbrauche** der Fernseher im Standby-Modus wenig Energie.

Lösungen – Baustein II / Konjugieren

AB 15 Die indirekte Rede – Zuordnung regelmäßiger und unregelmäßiger Verben S. 82

Infinitiv	Präteritum	regelmäßig	unregelmäßig
flüstern	**flüsterte**	X	
schreien	**schrie**		X
springen	**sprang**		X
fragen	**fragte**	X	
sprechen	**sprach**		X
laufen	**lief**		X
sein	**war**		X
stehen	**stand**		X
stolpern	**stolperte**	X	
bellen	**bellte**	X	
schlendern	**schlenderte**	X	

AB 16 Die indirekte Rede – dritte Person Plural Präsens bei regelmäßigen Verben S. 83

a) Oma meinte, die Äpfel **würden** besonders gut **schmecken**.
b) Frau Meier ließ verlauten, ihre Schüler **würden** gerne **basteln**.
c) Inge sagte, die Bäume draußen **würden rascheln**.
d) Mehmet antwortete, er und seine Brüder **würden** gerne einen Freizeitpark **besuchen**.
e) Professor Huber führte aus, junge Frauen **würden** zunehmend lieber in der Stadt **wohnen**.
f) Janik entgegnete der Mutter, die Schuhe **würden** ihm nicht **passen**.
g) Die Mutter beschwerte sich, ihre Kinder **würden** nicht **aufräumen**.
h) Herr Jung erzählte, seine Schulden **würden** ihn sehr **belasten**.

AB 17 Die indirekte Rede – dritte Person Plural Präsens bei unregelmäßigen Verben S. 84

Infinitiv	Präteritum	Konjunktiv II
sitzen	**sie saßen**	**sie säßen**
bieten	**sie boten**	**sie böten**
sprechen	**sie sprachen**	**sie sprächen**
bringen	**sie brachten**	**sie brächten**
wissen	**sie wussten**	**sie wüssten**
fließen	**sie flossen**	**sie flössen**
finden	**sie fanden**	**sie fänden**
verlieren	**sie verloren**	**sie verlören**
denken	**sie dachten**	**sie dächten**
springen	**sie sprangen**	**sie sprängen**
geben	**sie gaben**	**sie gäben**

AB 18 Die indirekte Rede – dritte Person Plural Präsens bei unregelmäßigen Verben S. 85

Professor Meyer stellte bei seinem Vortrag folgende Behauptungen auf:

a) Supermärkte **böten** oft Waren über das Verfallsdatum hinaus an, wobei bestimmte Filialen den Vogel **abschössen**.

b) Obst und Gemüse **röchen** oft verfault.

c) Trotzdem **flögen** das Obst und Gemüse nicht gleich in den Müll, obwohl Kunden frische Waren **vorzögen**.

d) Denn die Kunden **genössen** lieber gut riechende Ware und **wögen** sorgfältig ab, was sie kaufen würden.

e) Dabei **schlössen** sie verdorbene Waren aus und **verlören** das Interesse, in dem Geschäft nochmals einzukaufen.

f) Folglich **bögen** sie bei einem anderen Supermarkt ab und die Gelder **flössen** in andere Supermarktkassen.

AB 19 Die indirekte Rede – dritte Person Plural Präsens bei unregelmäßigen Verben S. 86

a) Mutter sagte, die Kinder **bänden** sich noch die Schuhe zu, bevor sie nach draußen **sprängen**.
b) Die Künstler verkündeten, sie **bäten** um Ruhe, denn sie **begännen** gleich mit der Vorstellung.
c) Sie lobte, die Pfannkuchen **gelängen** ihm immer besser.
d) Er meinte, die Künstler **sängen** gut und ihre Instrumente **klängen** prima.
e) Sie meinten, sie **fänden** es klasse, dass wir hier **säßen** und Saft **tränken**.
f) Lida und Esther versprachen, sie **brächten** Sprudel mit.
g) Er stellte fest, dass die ersten Versuche oft **misslängen**.
h) Die Jungen antworteten, sie **träfen** ihn an der Sporthalle und **nähmen** ihm die Turnschuhe mit.
i) Sie versprachen, sie **dächten** daran und **vergäßen** es nicht.

AB 20 Die indirekte Rede – dritte Person Plural Präsens bei unregelmäßigen Verben S. 87

a) Er versprach, sie **würden** am folgenden Tag kommen und **führen** dann abends weiter.
b) Die Gärtner meinten, sie **wüssten** auch nicht, warum die Bäume so stark **wüchsen**.
c) Udo sagte, sie **müssten** erst alle Arbeitsvorgänge beenden, bevor sie nach Hause gehen **dürften**.
d) Die beiden ließen verlauten, sie **kämen** erst später, wenn sie fertig **wären**. Sie **täten** jedoch alles, damit sie bald losfahren **könnten**.
e) Die beiden sagten, sie **hätten** nur die Glühbirnen, die im Regal **lägen**.

AB 21 Die indirekte Rede S. 88

① Professor Grabbert führte in seinem Vortrag aus, die Zahl hochverschuldeter Menschen in der Bundesrepublik **nehme** immer mehr zu. ② Viele Leute **gäben** ihr Geld ohne nachzudenken aus. ③ Sie **würden** oft Dinge **kaufen**, die sie gar nicht **bräuchten**. ④ Dabei **dächten** die Leute gar nicht an die Rückzahlungspflicht für Schulden. ⑤ Es **komme** ihnen gar nicht in den Sinn, dass ihre Schulden so weiter **ansteigen würden**. ⑥ Erst am Ende **würden** sich die Leute über den hohen Schuldenberg schockiert **zeigen**. ⑦ Doch dann **sei** es meistens zu spät. ⑧ Viele Menschen **müssten** dann jahre-, wenn nicht lebenslang, mit ihrem Schuldenberg leben. ⑨ Als Ausweg **könnten** sie höchstens eine Schuldnerberatung aufsuchen, wo speziell geschulte Berater sich darum **bemühen würden**, ihnen weiterzuhelfen. ⑩ Auf diese Weise **hätten** es manche Schuldner schon geschafft, ihre Schulden loszuwerden.
⑪ Für die Betroffenen **würde** sich der Gang dorthin auf jeden Fall **lohnen**.

Lösungen – Baustein II / Konjugieren

AB 22 Die indirekte Rede S. 89

1. ① Jonas teilt Emre mit, er **habe** ein neues Computerspiel und **wolle** ihn deshalb am Nachmittag einladen. ② Das Spiel **sei** ganz toll. ③ Zwei verfeindete Bewohnergruppen einer Stadt **begännen** darin sofort nach einer kurzen Einführungsgeschichte gegeneinander zu kämpfen. ④ Es **gehe** dann richtig heftig zur Sache, denn beide Gruppen **hätten** nichts anderes als den Sieg im Kopf. ⑤ Es **werde** mit allen möglichen Waffen gekämpft, deshalb **müssten** er und Emre das Spiel unbedingt heute Nachmittag spielen.

2. ① Professor Meyer führte in seinem Vortrag aus, immer mehr Jugendliche **nähmen** leichtsinnig Kredite auf. ② Viele von ihnen **gäben** ihr Geld vor allem für Handys aus. ③ Sie **würden** oft Handys mit Funktionen **kaufen**, ④ die sie gar nicht **bräuchten**. ⑤ Dabei **dächten** die Jugendlichen nicht an die Folgekosten. ⑥ Viele **kämen** gar nicht auf die Idee, ⑦ dass ihre Schulden so weiter **ansteigen würden**. ⑧ Erst am Ende **würden** sich die Jugendlichen über ihren hohen Schuldenstand schockiert **zeigen**.

AB 23 Die indirekte Rede S. 90

① Professor Huber führte in seinem Vortrag aus, Jugendliche **würden** gerne laute Musik **hören**. ② Dieses Hobby **sei** jedoch nicht ungefährlich, denn es **schade** dem Gehör. ③ Schon wenige Stunden überlaute Musik **könnten** dem Gehör dauerhafte Schäden zufügen. ④ Dies **bedächten** Jugendliche oft nicht. ⑤ Stattdessen **würden** sie bedenkenlos stundenlang überlaute Musik **konsumieren**. ⑥ Dabei **nähmen** sie Taubheitsgefühle in den Ohren als Warnsignale nicht ernst. ⑦ Das Hören von lauter Musik mit Kopfhörer **schädige** das Gehör jedoch genauso wie laute Discomusik. ⑧ Deshalb **plädiere** er als Wissenschaftler dafür, Jugendliche in Informationsveranstaltungen über die Gefahren dieses Hobbys aufzuklären, damit sie um dessen Risiken **wüssten** und alles **täten**, um ihr Gehör zu schonen. ⑨ Anders **ständen/stünden** die Chancen schlecht, eine zukünftige Generation mit Hörgeräten zu verhindern. ⑩ Deshalb **müssten** jetzt alle Anstrengungen unternommen werden, um das zu vermeiden, damit die Kosten für die medizinische Versorgung nicht ins Unendliche **wüchsen** und die zukünftige Menschheit um ihre Ersparnisse **brächten**.

AB 24 Die indirekte Rede – zeitliche Abfolge S. 91

Wandle in die indirekte Rede um

a) Er sagte, bevor sie **losgefahren seien, hätten** sie **getankt**.
b) Peter berichtete, er **habe extra aufgeräumt, bevor Oma gekommen sei.**
c) Susi verkündete, sie **habe** sich **ein neues Fahrrad gekauft und sei erstaunt über den niedrigen Preis gewesen.**
d) Die beiden sagten, **sie seien enttäuscht, dass das Fußballspiel so ausgefallen sei,** da sie sich sehr **darauf gefreut hätten.**

Lösungen – Baustein II / Abschlusstest

Wie gut bist du in Grammatik? S. 92

1. **der** Postbote, **die** Haarspange, **das** Handtuch, **das** Federmäppchen, **die** Kaffeekanne, **der** Wäscheständer, **die** Zugtür, **der** Rotstift, **das** Versteckspiel, **der** Handfeger, **die** Blockflöte, **das** Kinderbuch

12 Punkte

2. a) Das Kleid **der jungen** Dame ist rot.
   b) Er gibt **dem kleinen** Mädchen Geld.
   c) Sie sieht nach **der alten** Frau.
   d) Die Hände **des wütenden** Mannes ballen sich zu Fäusten.
   e) Er entdeckt **das schöne** Haus.
   f) Sie schreibt **dem einsamen** Mann einen Brief.
   g) **Das hungrige** Tier stürzt sich auf das Futter.
   h) Er verguckt sich in **die hübsche** Frau.

8 Punkte

3. a) **Mein neuer** Freund kommt nachher.
   b) Der Schuh **deines kleinen** Kindes ist offen.
   c) Ich gebe **ihrem hungrigen** Vogel Futter.
   d) Ich nehme **dein blaues** Hemd.
   e) Ich suche **meine getönte** Brille.
   f) **Unsere neue** Katze ist schon groß.
   g) Die Klingel **deines alten** Fahrrades ist defekt.
   h) Ich habe den Brief bei **seiner freundlichen** Untermieterin abgegeben.

8 Punkte

4. a) Der Hut **dieses eleganten** Herrn sieht teuer aus.
   b) Mit **dieser neugierigen** Frau rede ich nicht.
   c) Ich hoffe, der Laden hat **dieses spezielle** Ersatzteil.
   d) **Diesem alten** Mann würde ich gerne helfen.
   e) Das Kleid **dieser jungen** Dame ist schwarz.
   f) Die Unruhe **dieses kleinen** Kindes ist kaum auszuhalten.
   g) **Diesen witzigen** Schauspieler finde ich besonders unterhaltsam.
   h) Ich habe mir **diese helle** Hose gekauft.

8 Punkte

5. ① er/sie/es **gibt**
   ② er/sie/es **ist**
   ③ er/sie/es **frisst**
   ④ er/sie/es **empfiehlt**
   ⑤ er/sie/es **befiehlt**
   ⑥ er/sie/es **schläft**
   ⑦ er/sie/es **schlägt**
   ⑧ er/sie/es **weiß**
   ⑨ er/sie/es **fällt**
   ⑩ er/sie/es **darf**
   ⑪ er/sie/es **kann**
   ⑫ er/sie/es **läuft**

12 Punkte

6. ① er/sie/es **rannte**
   ② er/sie/es **briet**
   ③ er/sie/es **lief**
   ④ er/sie/es **bog**
   ⑤ er/sie/es **band**
   ⑥ er/sie/es **rief**
   ⑦ er/sie/es **gab**
   ⑧ er/sie/es **schloss**
   ⑨ er/sie/es **grub**
   ⑩ er/sie/es **blieb**
   ⑪ er/sie/es **verließ**
   ⑫ er/sie/es **log**

12 Punkte

7. ① er ist **gerannt**
   ② sie hat **gestunken**
   ③ es hatte **gelogen**
   ④ er hatte **zerbrochen**
   ⑤ sie hatte **gefunden**
   ⑥ es hat **genommen**
   ⑦ er ist **abgebogen**
   ⑧ er war **geblieben**
   ⑨ sie ist **geschwommen**
   ⑩ es hat **zerrissen**
   ⑪ es hat **gelegen**
   ⑫ sie hat **begonnen**

12 Punkte

8. a) Das Lied wird **gesungen**.
   b) Er wurde von seiner Mutter ins Bett **gebracht**.
   c) Die Bäume sind gestern **gegossen** worden.
   d) Es war ihm **befohlen** worden.
   e) Ihm wurde am Bahnsteig **gewunken**.
   f) Das Schwimmbad war **geschlossen**.
   g) Es war ihm **versprochen** worden.
   h) Der Karton wird beiseite **geschoben**.

12 Punkte

9. a) Die Frau **arbeite** schon lange.
   b) Sie **sei** sehr fleißig.
   c) Sie **bemühe** sich sehr.
   d) Sie **hoffe** darauf, bald eine feste Stelle zu bekommen.
   e) Denn sie **brauche** das Geld.
   f) Schließlich **habe** sie ein Kind.
   g) Deshalb **wolle** sie in der Nähe arbeiten.
   h) So **könne** sie sich besser um ihr Kind kümmern.

8 Punkte

10. a) Meyers **zögen** bald um.
    b) Esra und Emre **besäßen** ein Haus in der Türkei.
    c) Manche Leute **verständen/verstünden** das nicht.
    d) Die beiden **fänden** das Haus nicht.
    e) Ali und Ersan **kämen** um 17.00 Uhr.
    f) Einige Leute **verlören** oft ihre Geldbörse.
    g) Sie **sähen** den Wald vor lauter Bäumen nicht.
    h) Mama und Papa **könnten** Obst mitbringen.

8 Punkte

Literatur

Bartnitzky, Horst:
Sprachunterricht heute: Sprachdidaktik. Unterrichtsbeispiele. Planungsmodelle. Cornelsen, Berlin 2000

Engin, Havva / Müller-Böhm, Eva / Steinmüller, Ulrich / Terhechte-Mermeroglu, Friederike:
Kinder lernen Deutsch als zweite Sprache: Prinzipien, Sequenzen, Planungsraster, Minimalgrammatik. Cornelsen, Berlin 2004

Günther, Britta / Günther, Herbert:
Erstsprache, Zweitsprache, Fremdsprache. Einführung. Beltz-Verlag, Weinheim/Basel 2004

Huneke, Hans-Werner / Steinig, Wolfgang:
Deutsch als Fremdsprache. Eine Einführung. Erich-Schmidt-Verlag, Berlin 2005

Kniffka Gabriele / Siebert-Ott, Gesa:
Deutsch als Zweitsprache Lehren und Lernen. Schöningh UTB, Paderborn 2007

Lewandowski, Theodor:
Deutsch als Zweit- und Zielsprache, Handbuch zur Sprachförderung. Wissenschaftlicher Verlag, Trier 1991

Storch, Günther:
Deutsch als Fremdsprache – Eine Didaktik. UTB-Verlag, München 1999

Wicke, Rainer E.:
Vom Text zum Projekt, Kreative Textarbeit und offenes Lernen im Unterricht „Deutsch als Fremdsprache“. Cornelsen, Berlin 1997

Jederzeit optimal vorbereitet in den Unterricht?